Missio Dei 신학에 기초한 기장 선교론

끌림 神學叢書 001

Missio Dei 신학에 기초한 기장 선교론

박영배 지음

끌림

| 이 책을 펴내며 |

고대 교회는 "우리가 왜 선교하느냐?"라는 질문을 하기도 전에, 선교는 자명(自明)한 일로 생각하며 수행해 왔다. 그들의 복음 증거는 매우 자발적이고 자연스러운 것이기에 신중한 구상이나 논의가 필요하지 않았다.

그러나 점차로 변화해 가는 세계와 함께 20세기를 맞는 세계 선교단체들은 세계교회협의회(W.C.C.)의 첫 모임인 에든버러회의(1919)부터 "선교는 무엇이며, 왜 해야 하는가?" 하는 등의 문제를 서서히 시작했으며, 특히 지난 6, 70년대는 선교에 관한 신학적 논의와 토론이 현대신학 전반에 걸쳐 지대한 충격을 주었을 뿐 아니라, 현대신학의 주제를 선교에 집중시켰다 해도 과장된 말은 아니다.

한국기독교장로회는 6, 70년대를 맞아 선교신학의 구체적인 백서인 '4대 문서'를 작성하여 그 법궤를 중심으로 선교의 기치를 높이 들었다. 이는 이 시대에 맡겨진 선교적 과제를 수행하려는 교단의 필사적인 노력이기도 했다.

이 논문은 한국교회 선교 1세기를 마감하고 2세기를 향하는 시점에서 다시 한번 우리의 선교적 과제와 목표를 재검토하고 점검하는 동시에, 그 성찰과 비판을 통해 우리의 모든 사역이 하느님의 사역이 되게 하려는 것이다.

본서는 1985년 아세아연합신학원과 Fuller Theological Seminary 공동 학위과정 D. Min. 학위논문으로 제출한 것이다.

2024년 성하에

茶話 박영배

| 차례 |

이 책을 펴내며 **004**

제1장 서론 **008**

제1절 연구의 의의와 목적 **008**
제2절 연구의 방법과 범위 **011**

제2장 기장 선교 신학의 수립과 그 역사적 배경 **013**

제1절 기장 출발의 역사적 의의 **013**
제2절 6, 70년대의 한국 사회와 시대상 **024**
   1. 불균형의 경제 성장과 양극화 현상 **026**
   2. 과잉 도시화와 이농(離農) 현상 **030**
   3. 불안정한 정치 상황 **033**
제3절 한국교회 상황과 기장 교단의 선교적 진로 **035**

제3장 Missio Dei 신학과 기장의 4대문서 **043**

제1절 "Missio Dei" 신학의 배경과 그 특성 **045**
   1. "Missio Dei" 신학의 배경과 그 동향 **045**
   2. "Missio Dei" 신학과 그 특성 **062**
제2절 기장의 4대문서에 나타난 선교신학 **079**
   1. 교육정책 지침서 **080**
   2. 사회선언 지침서 **086**
   3. 신앙고백 선언서 **091**
   4. 선교 정책 **106**

제4장 선교론에 대한 성서적 근거 **112**

제1절 선교의 구약성서적 근거 **114**
1. 구약에 나타난 선교 개념의 기초 **114**
2. 예언서에 나타난 구원의 약속과 선교 **121**
3. 요나서에 나타난 선교의 의미 **126**

제2절 선교의 신약 성서적 근거 **129**
1. 사복음서에 나타난 선교 **130**
2. 사도행전에 나타난 선교 **144**
3. 서신서에 나타난 선교 **157**

제5장 요약과 결론 **168**

제1절 요약 **168**
제2절 반성과 비판 **176**
1. 선교적 성향의 반성과 비판 **176**
2. "Missio Dei" 신학의 한계와 그 비판 **181**

제3절 결론: "Missio Dei"와 "Missiones ecclesiarum"의 … 이해 **184**

제언 **191**

참고문헌 **192**

제1장 서론

제1절 연구의 의의와 목적

선교 신학자 바빙크(J. H. Bavinck)는 그가 쓴 선교학 개론(An Introduction to the Science of Missions) 서론에서 선교는 항상 교회의 한 활동 영역이 되어 왔음에도 불구하고 선교에 대한 학적인 연구가 매우 늦게 진전된 사실은 상당히 주목할 만한 일이라고 지적한다. 즉 교회는 선교적 사명의 특성에 대해 깊이 고찰하기 전 이미 수 세기 동안 복음을 전파해 왔다는 것이다.

이러한 일은 실제 생활에서 흔히 있는 일이기도 하다. 사람은 누구나 강한 충동이나 필요에 의해 행동하게 되지만 장애물에 부딪히거나 복잡한 문제에 직면하게 되면, 그때야 비로소 그 일의 성격이나 내용에 대해서 조직적으로 깊이 생각하게 된다.

선교학의 경우도 마찬가진 것 같다. 고대 교회는 "왜 우리가 선교하고 있는가"라는 질문을 해 보지도 않은 채 선교는 자명한 일로 생각하고 선교를 수행해 왔으며 선교의 방법에 대해서도 문제시해 본 적이 없었다.[001]

그들의 복음 증거는 매우 자발적이고 자연스러웠기 때문에 신중하게 구상된 토대가 필요하지 않았다. 하느님 말씀 그 자체가 선교를 명했기 때문에 이것을 더 이상 이론화한다는 것은 불필요한 일로 간주했을 것이

---

[001] J. H. Bavinck, An Introduction to the Science of Missions, 전호진 역(서울: 성광문화사, 1982), p. 13.

다.

특별히 18세기와 19세기에 이르는 지난 200년 동안의 활발한 세계 선교 운동은 "땅끝까지 이르러 내 증인이 되라"는 그리스도의 지상 명령이 하나의 구체적인 가능성으로서 복음이 세계 곳곳에 미치지 않는 곳이 없을 정도로 확산하여 갔다. 그러나 이때까지만 해도 선교에 대한 신학적 검토나 이론적인 반성이나 논의가 제기되지 않았다.

그러나 점차로 변화되어 가는 세계와 함께 20세기를 맞은 세계 선교 단체들은 세계선교협의회(I.M.C.)의 첫 모임인 에딘버러 회의(1910)부터 선교는 무엇이며, 왜 해야만 하는가 등의 문제가 서서히 논의되기 시작하였다. 더구나 지난 2, 30년 동안에 선교에 관한 신학적 논의와 토론은 현대 신학 전반에 걸쳐 지대한 충격을 주었을 뿐 아니라 현대 신학의 주제를 '선교'에 집중시켰다 해도 결코 과장된 말은 아니다.

물론 신학의 여러 분야가 다양한 역사적 상황에 따라 각기 다른 유형의 신학의 사조가 배태되는 것으로 생각한다. "그러나 엄밀한 의미에서 모든 신학적 노력은 선교 지향적이다. 비록 그것이 교회 성장, 타 종교와의 대화, 또는 사회 역사적 관심 등 그 어느 것에 초점을 맞추든지 간에 그것의 궁극적 목적은 선교에 있다."[002]

확실히 지금까지의 성서신학과 조직신학은 선교의 관점에서보다 신학적 입장에서 성서를 연구하는 학문적 노력에 치중해 왔다. 그러나 최근에 이르러 신학의 모든 분야가 선교적 관점에서 재조명하는 경향이 확실히 나타나 있음을 보게 된다.

실로 그리스도인의 물음 중에 이 선교에 관한 물음만큼 근원적이며 심각한 것이 없을 것이다. 선교는 교회 존립의 근원적 요소이며 지상 과

---

[002] 이계준, 한국 교회와 하느님의 선교(서울: 전망사, 1981), p. 5

제인 동시에 모든 그리스도인의 공동 책임이다.

그러기에 "교회는 마땅히 시대마다 성도들에게 맡겨진 사역의 본질이 무엇인지를 묻고 생각해야 한다. 이러한 질문은 우리로 하여금 이 세상에서 계시와 화해의 역사(A ministry of revelation and reconciliation)를 세우신 하느님 자신의 기초적인 역사(fundamental work)에 나타난 사역의 근본적 공식을 찾게 한다." 003

한국 교회는 선교 백 년에 불과한 '젊은 교회'임에도 불구하고 세계 선교 사상 그 유례를 찾아보기 어려울 만큼 크게 성장한 교회이다. 이제 한국은 전국 어디서나 쉽게 교회의 위력을 느낄 수 있다. 수적인 면에서도 개신교 718만, 천주교 132만, 비율로는 전인구의 19.1%와 3.5%를 차지하며 교회당 수는 개신교 21,243개, 천주교 2,342개로 성장했다. 004

특별히 개신교의 각 교파는 70년대를 맞이하면서 향후 15년을 목표로 선교 내지 교세 확장에 총력을 집중하며 오늘에 이르고 있다. 이러한 선교적 움직임은 오늘의 역사적 상황에서 교회의 중심적 과제에 대한 깊은 자각과 책임 의식의 발로이기도 하다. 따라서 오늘의 선교는 어느 특정적 직책으로서가 아니라 전 교회적 과제로 그 개념이 확대되어 있다.

그러기에 선교는 신학 교육과 교회 교육의 핵심적 목적이며 따라서 교육의 구조와 모든 프로그램을 선교의 기수로서의 신자상(信者像)을 형성하는데 중심을 두어야 한다는 주장이 높아가고 있다.

한국기독교장로회는 6, 70년대를 맞아 선교신학의 구체적인 백서인 '4대 문서'를 작성하여 그 법궤를 중심으로 선교의 기치를 높이 들었다.

---

003 Ray S. Anderson, ed. Theological Foundations for Ministry(Grand Rapids: Willian B. Eerdmans Publishing Co. 1979), p. 3.
004 문화공보부, 종교단체 현황(서울: 문화공보부 업무자료편, 1980), p. 25.

이는 이 시대에 맡겨진 선교적 과제를 수행하려는 교단의 필사적인 노력이기도 했다. 그 와중에서 교단 전체가 가열화하기도 하며 때로는 양극화 현상을 빚는가 하면 때로는 현실에 대한 정확한 진단과 통찰력을 가질 여유도 없이 현실 문제에 뛰어들기도 했다. 이러한 과정에서 복잡하게 얽힌 채 깨끗하게 풀리지 않는 대로 교회에 던져진 문제는 개인 구원과 사회 구원, 선교와 전도, 복음화와 인간화, 영혼 구원과 사회정의 실현, 선교의 주체, 동기, 내용, 방법, 대상들의 제 문제이다.

본 논문은 한국 교회 선교 1세기를 마감하고 선교 2세기를 향하는 이 시점에서 다시 한번 우리의 선교적 과제와 목표를 재검토하고 점검하는 동시에 그 반성과 비판을 통하여 우리의 '모든 사역이 하느님의 사역'(All ministry is God´s ministry)[005]이 되게 하려는 것이다.

다른 한편 선교 본연의 자리를 성서로 탐구하고 참 성서적 선교는 모든 양극화가 지향된 통합적 선교의 원리를 말하고자 한다. 이리하여 선교 2세기를 향하는 기장 교단이 선교의 과제를 수행하며 힘찬 선교의 시대를 맞이하려는데 그 목적이 있다.

제2절 연구의 방법과 범위

본 논문의 연구 방법은 오늘의 한국기독교장로회의 선교 신학을 검토하며 이해하기 위하여 기장 교단의 선교 신학의 수립과 그 역사적 배경을 추적하며 기장의 출발과 그 역사적 의의를 살핀다. 특별히 6, 70년대의 한국 사회와 교회의 상황에서 어떻게 기장의 선교적 진로를 선택했는가

---

[005] Ray S. Anderson, *Op. Cit.*, p. 3.

를 서술한다.

그리고 기장의 선교 신학이 'Missio Dei' 신학에 근거해 있음을 감안하여 먼저 'Missio Dei' 신학의 역사적 배경과 동향을 추적하며 'Missio Dei' 신학의 특성을 밝혀 그것이 전통적 선교론과는 무엇이 다른가를 살핀다. 그리고 기장의 4대 문서를 하나하나 검토하며 그 속에 'Missio Dei' 신학적 요소를 지적한다.

끝으로 신구약 성서를 통하여 선교의 성서적 근거를 찾아 성서적 선교의 모형을 검토하며 결론 부분에서는 지금까지의 제 논의를 요약하고 반성과 비판을 통하여 선교의 결론적인 방향을 제시하려 한다. 그리고 본 논문의 범위는 한국 사회에 있어서 일반적인 선교의 과제를 염두에 두면서도 주로 한국기독교장로회의 선교 신학과 이에 밀접한 관련이 있는 에큐메니컬 선교 신학을 중심으로 한다. 본 논문에서 미흡하였던 부분은 후속 연구 과제로 제언한다.

제2장 기장 선교 신학의 수립과 그 역사적 배경

제1절 기장 출발의 역사적 의의

한국기독교장로회는 1973년도 총회에서 만장일치로 채택한 《선교 정책》 제2장 2항 〈선교의 정의와 신학〉에서 "교회가 선교에 의하여 존재함은 불이 붙으므로 존재함과 같이 우리 교단(기장)이 이 땅에 존재해야 할 이유는 다만 선교 때문"[006]이라고 전제하면서 "한국 백성에게 예수 그리스도를 알려 예수로 말미암아 새사람이 되고 하느님의 백성이 된 자의식에서 이 나라를 하느님의 나라로 만드는 일",[007] 이것이 곧 선교라고 정의한다.

"선교는 인간 영혼과 역사와 문화의 심장부에 그리스도의 복음이 꽂히게 함이다. 따라서 선교의 신학은 창조주 '하느님의 선교'(Missio Dei) 임을 밝히고, 인간과 세계를 향한 그의 구속 의지를 올바르게 전달하고, 그가 만물을 새롭게 하고(계 21:5) 만물이 그에게서 나오고 그로 말미암아 그에게 돌아가는(롬 11:36) 일을 위하여, 봉사하는 학문이라고 지적한다. 따라서 우리의 선교는 인간과 세계 속에 이미 일하시는 하느님의 선교를 우리의 교회가 바르게 이해하고 어떤 장애와 고난 속에서도 그의 전적인 복음을 선포하는 것"[008]이라고 요약한다.

---

[006] 선교 정책 한국기독교장로회 - 연혁·정책·선언서 - : (서울: 한국기독교장로회 총회 발행, 1974), pp. 52-53.
[007] Ibid.
[008] Ibid.

이상의 선교 신학적 견해는 오늘의 전 세계 교회와 개혁파 교회의 신앙고백과 선교 신학의 주류를 계승하는 것이나 그 기본 틀은 기장의 교단이 처음 출발할 때부터 즉 태아의 출생 신고인 성명서에서 그 성격의 본질이 드러나 있음을 본다.

1953년 호헌 총회의 선언서에서도 이미 밝힌바 있는 "전적인 그리스도를 인간 생활의 전 부분에 증거하기 위하여"[009]라는 소신을 오늘에 이르러 '하느님의 선교' 신학을 근간으로 한 선교 정책으로서 재 천명하게 된 것이다.

그러므로 우리는 기장의 선교 신학의 수립과 그 역사적 배경을 살피려 할 때 필연적으로 기장의 출발과 그 역사적 의의를 밝히지 않을 수 없다.

김경재 교수는 기장 출발의 역사적 의의는 '전통과 개혁'[010]이라는 긴장의 산물이라는 관점에서 다음과 같이 언급하고 있다. 즉, "종교에 있어서 보수주의란 신앙의 터전을 영원 절대적인 것에 기초 놓으려는 선한 의도와 생명의 정적 요소에 치중하여 안정성을 지탱하려는 진지한 동기가 있다. 그러나 바로 그 목적을 이루기 위하여 과거 역사 속에서 형성된 특정 형태의 교리, 신조, 신학, 교권, 교회 조직을 절대화할 위험성을 언제나 내포하고 있다. 그래서 상대적인 것을 절대화함으로써 생명과 복음의 자유를 타율적으로 억압하는 형태로 나타나며 율법주의적 독선과 교권의 횡포가 하느님 중심이라는 이름으로 남용되는 역사적 과오를 종교개

---

009 호헌 총회 성명서
010 김경재, "기장 새역사 30년, 그 역사와 과제" [교역자 자료집] (서울: 기장 총회 발행, 1983), p. 24.
011 Ibid., p. 24.

혁사 등에서 흔히 볼 수 있다."⁰¹¹

종교에 있어서 자유주의란 위와 같은 타율적, 권위주의적, 절대주의적, 형식주의에 대항하여 생명의 자율성, 상대성, 역동성을 주장하면서 종교적 보수주의가 내포한 우상숭배적인 거짓 절대성을 합리주의적 비판 정신으로 극복하려고 나타난 것이다. 자유주의는 생명의 동적 요소에 치중하여 역동성을 견지하려는 진지한 선한 의도가 있다.

그러나 종교적 자유주의는 그 자유의 근거와 진리의 근거를 인간과 역사의 자기충족적 가능성 위에 근거하려 하므로 인본주의, 역사 상대주의적 문화 이념체계, 윤리·도덕 종교, 상대적 휴머니즘으로 나타날 위험성을 늘 내포하고 있다⁰¹²는 것이다.

김경재 교수를 비롯하여 기장 교단의 일반적 견해는 1953년 한국기독교장로회의 진보주의적 개혁 운동은 바로 위에서 언급한 이원구조적 갈등에서 복음적 신앙을 가지고 이분적 갈등의 극복 형태로 출현한 데 그 출발의 역사적 의의를 찾고 있다.⁰¹³ 그러나 이 문제는 더 구체적으로 기장이 한 교단으로 출발하게 된 동기와 과정의 배경을 살피는 데서 검토되어야 할 것이다.

기장이 한 교단으로 출범한 것은 1953년 6월 10일 제38회 〈호헌총회〉를 소집한 데서 비롯되나 이것의 도화선은 1947년으로 소급해 올라간다.

교회사가인 민경배 교수는 한국 민족교회 형성 과정사로 펴낸 《한국기독교회사》에서 그 당시의 장로교회의 상황을 다음과 같이 서술하고 있다. 즉 "해방 직후 서울에 소재하던 조선신학교(한국신학대학의 전신)는 본

---

012 선교 정책 한국기독교장로회 - 연혁·정책·선언서 - : (서울: 한국기독교장로회 총회 발행, 1974), pp. 52-53.
013 Ibid.

래 남부총회 직영의 청원을 내어서 그 인가를 받고 있었다. 이런 보장 속에서 김재준 교수는 인종 자중하던 자기의 신학 사상을 대담하게 교수하면서 보수 신학에 정면 대결하였고 그 신학교 역시 성경의 역사적 비판과 세계 신학에의 참여를 표방하였다. 이 당돌하고 의기에 넘친 새로운 신학 방법론은 한국 교회에 충격과 반발을 일으켰다."[014]고 한다.

1947년 이른 봄, 김재준 교수의 자유주의 신학 사상에 불만을 품은 조선신학교 학생 51명은 동년 4월 18일 대구에서 열린 제33회 장로회 총회에 김 교수의 교수 내용을 명시한 진정서를 다음과 같은 내용으로 제출하였다. "… 우리가 유년 시절부터 믿어오던 신앙과 성경관이 근본적으로 뒤집히는 것을 느꼈다."고 지적하고 김재준 교수의 강의가 불실하고 비복음적이라고 지적하면서 근대주의 신학 사상과 성경의 고등 비판을 거부한다고 했다. 그리고 "세계가 다 신학 사상의 자유화에 물들어져도 단순 순복음의 전사가 되어 전 세계를 향해 도전하는 것을 부끄러운 일로 여기지 않겠다고 다짐했다."[015] 이상의 진정서의 중심 내용을 요약하면,

(1) 김재준 교수가 성경 고등 비판학을 가르치고 성경의 절대 무오설을 부인하고 성경의 권위를 파괴한다.
(2) 조선신학교의 신학 사상이 자유주의 신학이고 합리주의 신학이다.
(3) 우리는 보수주의적 순복음주의 신앙을 절대로 수호하겠다.

이러한 문제가 제기되자 총회는 김재준 교수로 하여금 그 답변을 진술서라는 명목으로 발표케 하였다. 김재준 교수는 그 답변을 밝히는 진술

---

[014] 민경배, 한국 기독 교회사(서울: 기독교서회, 1979), p. 370.
[015] 김양선, 한국 기독교 해방 10년사(서울: 기독교서회, 1956), p. 214.

서에서 "신구약 성경은 하느님의 말씀으로 신앙과 본분에 대하여 정확 무오한 법이니라 한 신조가 자신의 신앙이라고 밝히면서 성경은 하느님께서 구속의 경륜을 수행하신 역사적 계시"**016**라고 밝혔다. 그리고 그는 한 걸음 더 나아가서 성경의 무오함을 주장하는 자신의 입장을 역설하면서 성경은 구속의 진리를 계시함으로써 무오한 것이며 결코 자연과학이나 역사과학의 순수 지식 부문에 있어서까지 정확 무오한 것이 아니라고 자신의 주장을 명백히 밝혔다.**017**

김 교수의 이 답변은 성경 무오설이면서도 유오설이기에 그 이후 신학적 문제를 둘러싸고 많은 문제를 가져왔다.

김양선 교수는 《한국 기독교 해방 10년사》를 기록하면서 언급하기를 "이때로부터 많은 사람은 신학교 문제는 신학의 문제가 아니라 교권 다툼이며 지방 싸움인 것으로 그릇 생각하게 되었으며 또한 그릇 선전하게 되었다. 이러한 그릇된 생각은 후일 한국 신학 수립 운동에 큰 장애를 주는 유감된 결과를 내었다"**018**고 한다.

주재용 교수는 〈기장 출발의 역사적 의의〉라는 논문에서 위에서 언급한 학생들의 진정서는 "신학의 학문적 자유를 주장하는 것과 근대 자유주의 신학 사상을 구별하지 못한 데서 온 오해에 기인한 것으로" 평하고 있다.**019** 사실 자유주의 신학의 정의는 단적으로 규정하기가 매우 복잡하고 어렵다. 왜냐하면 자유주의 신학 자체가 그 안에 대단히 많은 다른 입장

---

016 *Ibid.*
017 *Ibid.*, p. 215.
018 *Ibid.*, p. 216.
019 주재용, "기장 출발의 역사적 의의", <u>기장회보</u>, 1977. 6. 1(서울: 기장총회 발행, 1977.), p. 3.

을 가지고 있기 때문이다. 그러나 일반적으로 자유주의 신학의 입장이란 인간의 직관이나 이성은 하느님의 본성에 대한 최선의 단서라고 생각한다. 모든 계시는 이성과 경험에 의하여 반드시 검토되어야 한다고 주장한다. 따라서 자유주의 신학의 입장이란 지식과 계시 사이의 선을 없이 하려고 하므로 일반적인 인간과 예수와의 질적인 차이의 선을 없이 하려는 경향이다.

그리고 자유주의자들은 일반적으로 교회에 대한 개념도 대단히 빈약하다. 즉 많은 자유주의자들에게 있어서 교회는 단순히 종교적 내지 윤리적 관심을 가진 사람들의 모임인 하나의 사회적 기관에 불과한 것으로 생각한다.[020]

그러나 김 교수(조선신학교 측)는 하느님의 말씀으로서 성서의 권위는 결코 부정될 수 없다고 주장한다. 다만 그가 거부한 것은 성서의 "문자무오설" 또는 "축자영감"이라고 한다.[021] 따라서 김 교수는 계시와 이성, 인간과 예수의 엄격한 질적 차이를 주장하며[022] 교회를 사랑하고 존중한 점에서 그의 신학사상을 결코 근대 자유주의 신학 사상과 동일한 것으로 간주할 수는 없다는 주장이다.

한편 신학생들의 진정서가 총회에서 문제가 되자 1948년 4월 20일 제38회 총회에서는 이사의 재선정과 조선신학교 현 교수진의 총퇴진을 내용으로 한 조선신학교 개혁안이 주장되었으나 투표 결과 동 개혁안은 부결되었다. 그러나 총회 측 이사들은 끝까지 김재준 교수를 일시 사퇴시켜

---

[020] William E. Hordern, A Layman's Guide to Protestant Theology(New York: Macmillan Publishing Co, INC., 1968), pp. 73-110.
[021] 김양선, Op. Cit., pp. 215-216.
[022] Ibid., pp. 228-229.

일 년간 미국에서 유학케 하고 새로운 교수진을 보강하고자 총회의 통과를 보았다. 한편 조선신학교는 동 결의에 불응하였으며 김재준 교수는 조선신학보에 〈편지에 대신하여〉라는 제하에서, "지금까지 한국의 신학 교육이 인위적 방법론이었음과 한국 교역자의 지적 저질화의 간단 없는 강행, 매첸파 선교사의 수적 열세에서 비롯된 광태와 그 이론적 전제주의, 교파 의식의 분파 작용과 세계 교회에서의 고립책을 통박하고 이러한 과단에까지 나가야만 했던 자신의 처지에 인간적 고민을 느끼면서 주를 사랑하고 조선 교회를 사랑하는 열심이 나를 미치게 한 것 같습니다."[023]라고, 애통해하였다.

김 교수는 또 그가 신학 교육에 헌신하게 된 동기를 설명하면서 "2차 세계대전 전, 미일 관계가 악화함에 따라 선교사의 활약이 정지되고 동시에 평양신학교마저 폐교되니 조선장로교회는 신학 교육 기간이 전무한 채 수년을 지냈다. 신사참배에 불의의 굴종은 하였을 망정 하느님이 불쌍히 여기심은 변함이 없으신지라 교회는 여전히 유지되어 가는데 교역자의 보급은 거의 없있으므로 신학교의 설립을 요하는 요청 소리가 높아져 갔다. 그리하여 1939년 9월 29일 조선신학교 설립 기성회가 설치되고 고 김대현 장로께서 당시 시가 25만 원의 재정을 기부하여 주셨음으로, 그것을 기초로 하여 1939년 9월 13일 장로회 총회에서 인허받아 이사회를 조직하고 조선신학교 개강을 위하여 준비를 수행한 결과 1940년 4월 19일 서울 종로구 인사동 137번지 승동예배당 내에서 우리 손으로 된 최초의 장로교 신학 교육 기관이 고고히 소리를 발한 것이다."

조선신학교는 우리 교회로서 처음 되는 신학교를 개강하면서 하느님

---

[023] 김양선, 한국 기독교 해방 10년사, pp. 228-229.; 민경배, 한국 기독교회사(서울: 기독교서회, 1981), p. 241.

앞에 받은바 몇 가지 명백한 사명과 포부를 다음과 같이 밝혔다.

(1) 우리는 조선 교회가 복음 선포의 실력에 있어서 세계적일 뿐 아니라 학적 사상적으로 세계 수준에 도달하게 할 것.
(2) 그러기 위해 우리 신학교는 경건하면서도 자유로운 연마를 통하여 자율적으로 가장 복음적인 신앙에 도달하도록 지도할 것.
(3) 교수는 학생들의 사상을 억압하는 일이 없이 충분한 동정과 이해를 가지고 신학의 제 학설을 소개하고 다시 그들이 자율적인 결론으로 Calvin 신학의 정당성을 재 확인함에 이르도록 할 것.
(4) 성경 연구에 있어서는 현 비판학을 소개하되 그것은 성경 연구의 예비 지식으로 이를 채택함이오, 신학 수립과 별개의 것이어야 할 것.
(5) 어디까지나 조선 교회의 건설적인 실제면을 고려에 넣은 신학이어야 하며, 신앙과 덕에 활력을 주는 신학이어야 할 것. 신학을 위한 분쟁과 중상모략과 교권 이용 등은 조선 교회에 파멸을 일으키는 악덕임으로 삼가 그런 논쟁을 피할 것[024] 등이었다.

한편 개혁안이 수포로 돌아가자 총회 측 신학대책위원회는 1948년 5월 장로교신학교의 개교를 결정하고 박형룡 박사를 임시 교장으로 임명했다. 사태가 이렇게 되자 총회는 이율배반의 번민에 빠지게 되었다. 왜냐하면 총회 직영의 명분이 붙은 서로 양립할 수 없는 신학교가 그 산하에 두 신학교가 병존하기 때문이다.

해결책은 양교의 명예로운 해체와 합동이었으나 그 합동의 '7원칙'이

---

[024] 김양선, *Op. Cit.*, pp. 232-234.

라는 것이 조선신학교 측에서 수락할 만한 성질의 것이 못되었다. 즉 신학 교육을 순복음주의에 기초해서 한다든가 중요 과목은 7인의 선교사 교수에게 맡긴다든가 신학교 현 직원의 총사퇴라든가 하는 등의 조건은 조선신학교가 그 과감한 출발을 다짐했던 바로 그 조건에 대하여 자발적 해소를 강요하는 것이 되기 때문이다. 이에 따라 이미 1946년 총회 인허를 받은 조선신학교는 신학 사상의 다툼과 함께 백지화되고 말았다.[025]

이상의 제 문제가 총회에서 노골화된 것은 역사상 최대의 민족적 수난인 6·25 동란이 있은 다음 해인 1951년 5월(제36회) 총회 때부터였다.

1952년 제37회 총회에서는 다수에 의하여 조선신학교 김재준 교수, 서고도 목사의 정죄를 선언하게 되었다. 그러나 조선신학교 측에서는 이 총회의 결의가 비복음적이고 불법적이라 하여 1952년 9월 호헌대회로 모여 그 시정을 1953년 제38회 총회에 헌의했다.

호헌 총회는 성명서를 통하여 "우리는 우리 장로교회의 복음적이오, 세계적인 전통을 이 적은 파당인 타 종파의 전단에 맡길 수 없었으며 복음의 자유를 그들의 율법주의에 희생시키거나 신앙 양심의 자유를 그들의 불법한 교권에 굴종시킬 수 없었던 것이나"[026]라고 선언했다.

조선신학교 측은 총회의 결의를 비판하고 그 시정을 요구했으나 "총회는 총회에 대하여 비판을 가하는 회원들을 개인 혹은 노회로 총회에서 제거하였으며 계속 제거할 태세를 갖추고 있음"을 깨닫고 "총회 안에 머물러 시정하려던 의도가 실현될 가능성이 없음을 깨닫고 새 교단을 형성하게 되었다."[027]고 했다. 그러면서 총회의 성격과 그 정체를 규명하기를,

---

[025] 민경배, *Op. Cit.*, pp. 371-372.
[026] 호헌 총회 성명서 한국기독교장로회 연혁·정책 성명서(서울: 한국기독교장로회 발행, 1974), p. 179.

(1) 총회는 3년 내내 그 헌법과 통용 규칙을 유린함으로 말미암아 스스로 그 존립의 법적 근거를 상실하였다.
(2) 총회는 개혁교 본래의 대 현장인 신앙 양심의 자유를 억압함으로 말미암아 그 신앙적인 존재 이유를 상실하였다.
(3) 총회는 한 당파의 편협된 고집에 의하여 교회로서의 충성된 의사 반영을 거부하므로 말미암아 그 도덕적인 존재 근거를 상실하였다.
(4) 총회는 이런 모든 이유로 생긴 각 노회와 지교회의 혼란과 이탈을 묵도하면서도 이를 수습할 아무 성의도 능력도 나타내지 못하고 있는 사실로 보아 그 행정 능력까지도 이미 상실한 것을 스스로 입증하게 되었다.[028]

이상과 같이 총회를 비판하고 새출발을 시도한 기장은 그 소신과 새 지도 이념을 다음과 같이 천명하고 있다.

(1) 우리는 온갖 형태의 바리새주의를 배격하고 오직 살아계신 그리스도를 믿음으로 구원 얻는 복음의 자유를 확보한다.
(2) 우리는 전 세계 장로교회의 테두리 안에서 건전한 교리를 수립함과 동시에 신앙 양심의 자유를 확보한다.
(3) 우리는 노예적인 의존 사상을 배격하고 자립 자조의 정신을 함양한다.
(4) 그러나 우리는 편협한 고립주의를 경계하고 전 세계 성도들과 협

---

[027] *Ibid.*, pp. 179-180. 《기독교 장로회 회보》(제180호), p. 3.
[028] *Ibid.*, p. 180.

력 병진하려는 세계 교회 정신에 철저하려 한다.**029**

우리는 이상의 배경적인 기술에서 기장 출발의 역사적 의의를 다음 몇 가지 점에서 정리해 볼 수 있을 것이다.

첫째, 기장의 출발 의의는 한국 교회에 신앙과 양심, 그리고 학문에 '자유 사상'을 싹트게 한 점이다. 특별히 신학 교육에 있어서 "자율적이면서도 복음적인 신앙에 도달하도록 지도"하겠다고 표방했으며 "신학의 제 학설을 소개하여 학생들이 자율적으로 결론에 도달하게 지도"하겠다고 선언했다.**030**

학문 연구에 자유가 보장되지 못한다면 그 학문은 생명력을 잃고 만다.**031**

둘째, 기장은 한국 교회에 개혁하는 교회(Reforming Church) 상을 보여주었다. 기장이 복음적이고 세계적인 전통을 이어가고 한국 장로교회의 총회를 계승한다는 것은 단순히 전통의 문자적 내지 형식적인 이어받음을 뜻하는 것은 아니다. 그것은 오히려 전통(Tradition)을 역사(History)로 극복한다는 것을 뜻한다. 그러므로 교회는 미래 지향적이며 진취적이고도 개척자적인 선지자상을 부각한 것이다.

셋째, 기장은 지도 이념 제4항에서 전 세계 성도들과 협력 병진하려는 세계 교회 정신에 철저하려 한다고 하고 있다. 이는 곧 기장 교단이 그 출

---

029 Ibid., p. 181.
030 김양선, 한국 기독교 해방 10년사, pp. 232-234.
031 유동식 교수는 한국 신학 사상사 서설로 펴낸 한국 신학의 광맥에서 1940년에서 1955년 사이를 신학적 공백기 내지 시련기로 보고 있다. 이 시기가 한국 교회에서 가장 자유가 억압된 시대였으며 근본주의 일색의 신학사상에 젖어 있었던 시기였다고 하였다. 참조, 유동식, 한국 신학의 광맥(서울: 전망사 발행, 1982년, pp. 145-146).

발에 있어서 한국 교회의 시야를 세계로 향하게 하며 에큐메니컬 정신에 철저해지려는 의지의 표명이기도 하다. 한국의 에큐메니컬 운동사를 살필 때 여러 가지 문제점과 부진한 요소가 있음에도 불구하고 한국 교회가 세계 교회 움직임에 민감하고 동시에 세계 교회가 한국 교회의 움직임에 깊은 관심을 두게 된 일단의 요소는 기장 출발이 가져온 공적의 하나이기도 하다.

넷째, 기장의 출발 의의는 한국 교회가 세상 속에서 세상을 섬기고 봉사하는 교회가 참 교회임을 자각게 했다. 따라서 교회의 선교적 사명은 이 세계에서 하느님(그리스도)의 현존을 발견하려는 것이다.

기장은 성명서의 마지막 부분에서 "전적인 그리스도를 인간 생활의 전 부분에 증거" 하겠다고 했다.

이 기본 정신이 오늘날 기장이 선교 이념으로 표방하는 하느님의 선교(Missio Dei)의 핵심임을 주장한다.

제2절 6, 70년대의 한국 사회와 시대상

60년대와 70년대에 걸친 이 20년은 한국 근대사 중에서도 특별히 근대화의 물결이 격심하게 한국 사회를 휩쓴 시기였다. 그 결과로 한국 사회는 전례 없는 산업화와 도시화 현상의 사회 변동을 겪었다.

산업화와 도시화를 통한 사회 변동은 서구라파에 있어서는 지난 100년 혹은 200년에 걸쳐 이룩되는 사회적 변화였다. 그러나 한국 사회는 소위 선진국들의 100년 혹은 200년의 경험을 60년대와 70년대에 걸쳐 압축하는 데 전력을 다했다.

그러므로 이 근대화 과정에서 원치 않게 수반되는 많은 사회적 부조리와 부작용이 그리고 비인간화 현상을 모두가 힘겹게 경험해야만 했던 20여 년이었다.

현대 사회는 개발(development)과 근대화(modernization)의 특징을 갖고 있다. 개발은 주로 경제성장과 그에 따른 사회변동을 뜻하며 근대화는 경제성장을 포함한 사회제도 전반의 조직과 기능, 문화 생활면까지의 변동을 뜻한다.**032**

한국의 지난 20년간의 개발과 근대화의 추세는 급격한 경제 성장 일변도였다고 단적으로 말할 수 있을 것이다. 1961년의 GNP는 1인당 평균 83달러였던 것이 1978년에는 1,160달러, 1981년에는 1,696달러로 상승하였고 그 결과를 피부로 느낄 만큼 생활 형편이 향상되었다. 그러나 경제 제일주의를 내세운 지난 20여 년의 한국 사회는 기성 질서의 유지와 기성세력의 안정을 제일차적 목적으로 삼았다.**033** 따라서 지난 1962-80년의 한국 사회는 불안정한 경제 성장, 공업화와 도시화에 따른 사회적, 심리적 혼란과 불안 그리고 그 노출을 억제하려는 물리적(관료적)인 통제로 인한 긴장과 갈등의 연속이었다.

그러면 구체적으로 근대화 과정에서의 긴장과 갈등의 요소가 무엇이며 이러한 상황에서 교회는 어떻게 선교적 소임을 다하며 대처했는가?

한 시대의 시대상이나 사회상이란 유기적인 현실이라 함은 두말할 나위가 없다. 그러므로 지난 60년대와 70년대에 걸친 한국의 시대상이나 사회상은 총체적으로 고찰되어야 한다. 그러나 여기서는 편의상 몇 개의 분야로 그 특징을 살피고자 한다.

---

032 김병서, "한국 교회 현상의 사회학적 이해" <u>신학사상 81</u>, 가을(서울: 한국신학연구소, 1981), pp. 704-705.
033 *Ibid.*, p. 705.

1. 불균형의 경제 성장과 양극화 현상

해방 후 15년간의 한국 사회의 근대화가 정치적 영역에서의 민주화에 강조를 두었다면 5·16 쿠데타 이후의 제3공화국은 정치적 민주화보다는 경제적 공업화를 더 강조하기 시작했다.[034]

그것은 곧 1962년부터 시작되는 경제발전 5개년 계획으로 구체화하여 갔으며 그 주도 세력은 군에서 조직적인 훈련을 받은 정치지도자들이었다. 그들은 대체로 목적의 합리화보다 수단의 합리화에 능한 사람들이었다.

그리하여 지난 60년대에 이루어진 성장의 자취는 1961-64년 동안의 연평균 성장률 9.3%로 극동 및 아시아 여러 나라의 평균 성장률 5.6%를 크게 상승하는 수치일 뿐 아니라 60년대와 흔히 대비되는 50년대의 우리나라 경제의 연평균 성장률 4.9%(1953-60)와 비교해 볼 때 거의 2배에 가까운 숫자이다.[035]

한편 60년대에 이루어진 고도성장의 자취를 1인당 국민 총생산액의 증가율 및 연평균 증가액의 측면에서 보면 1955-60년 동안에 1인당 국민 총생산액이 81달러에서 94달러 40센트로 5년 동안에 13달러 40센트, 연평균 2달러 68센트가량 증가한 데 비하여 1960년대에 접어들어 1969년에는 1백 96달러 60센트로 해마다 평균 10달러 16센트씩 증가하였음을 볼 수 있다.[036]

이와 같은 급격한 경제성장은 일찍이 우리 사회가 경험해 보지 못한

---

034 임희섭, '근대화와 사회 제 문제' 신동아(75년 8월호) (서울: 동아일보사 발행, 1975), p. 98.
035 박영기, "고도 성장과 인간소외", 근대화와 인간화 (서울: 삼성사 출판 발행, 1975), pp. 152-153.

커다란 사회 변동을 가져왔다.

사회학자인 임희섭 교수는 〈근대화와 사회 제 문제〉라는 논문에서 60년대 이후의 급격한 경제 성장으로 인한 사회 변동을 설명하면서 다음과 같이 언급하고 있다.

즉 "해방 후 민주화에 의한 사회적 변화와 동원은 농촌보다는 도시에, 하층 계급보다는 중산층에, 경제적 사회적 문화적인 영역보다는 정치적인 영역에 어느 정도 한정된 것이었다면 60년대의 경제성장과 공업화에 의한 사회적 변화와 동원은 도시를 벗어나 농촌에까지 중산층을 뛰어넘어 하층 계급에까지 그리고 정치적 영역뿐 아니라 경제적 사회적 영역에까지 광범하고도 큰 영향을 미친 것이었다.

농민들의 도시에로의 대이동은 과잉 도시화를 일으켰으며 하층 계급의 구성원들에게도 기대 상승의 혁명이 일어났으며 대중문화를 비롯한 대중 사회의 현상이 70년대에 들어서면서 두드러지기 시작하였다. 그러나 이와 같은 급격한 사회 변동은 한편으로 가치와 역할 간의 격차, 기대와 현실 간의 격차 등에서 오는 허다한 사회 문제를 가져왔다."고 지적하고 있다.[037]

이상의 진단은 사회 구조적인 면에서 극도로 불안정한 경제성장, 획일적 관료제의 정치체제, 공업화, 산업화, 도시화에 따른 급격한 사회 변동과 사회 계층 간의 갈등과 혼란을 지적하는 것이며 또 이런 사회 현실에서 오는 극도의 심리적 불안과 불안정은 가치관의 혼란과 심리적 아노미 현상을 지적하는 것이기도 하다. 이처럼 60년대 이후의 근대화 과정에서 제기된 심한 사회적 불균형의 현상은 모든 영역에 있어서 제기되기

---

036 Ibid., p. 153.
037 Ibid., p. 98.

도 했다.

한국 크리스챤 아카데미의 대화 모임에서는 60년대와 70년대를 겪으면서 우리 사회가 지향해야 할 좌표로서 인간화를 제시하고 13개 분야의 전문가들 백여 명이 모여 인간화를 위하여 우리 사회에서 추방해야 할 비인간화의 현상을 분석해 갔을 때 가장 뚜렷하게 나타난 현상은 정치, 경제, 사회, 문화. 종교 등 전반에 걸쳐 양극화 현상이 가장 심각하게 지적되었다.[038] 즉 도시와 농촌과의 지역적인 양극화, 같은 도시 안에서도 부유층 지대와 판자촌 지대, 같은 회사나 공장 안에서도 노사 간의 양극화 현상은 비극적인 현상이기도 했다.

임종철 교수는 〈한국 경제의 양극화와 그 극복〉이라는 논문에서 경제개발 5개년 계획이 시작된 1962년 이래 외양적으로 놀라운 경제 성장에도 불구하고 경제 발전의 실태에 대하여 회의적인 요소는 부익부 빈익빈(富益富 貧益貧)이라는 분극화(分極化) 내지 양극화의 현상이라고 언급한다.[039] 사회학자들은 약간의 분극(分極)이나 갈등은 사회의 지속적인 변동이 의존하는 원칙이고 근본적인 사회 과정 가운데 하나라고 보기도 한다.[040] 물론 민주주의 사회에 있어서 집단 간이나 계층 간의 갈등은 사회 발전에 활력소가 되기는 하나 문제는 우리 사회 속에 진행되고 있는 갈등과 분극의 현상이 사회의 분열을 위협하는 점에까지 이르게 될 가능성이 있다는 데 문제가 있다.

그러면 사회적인 제 양극화 현상 중에서도 가장 예민하게 드러나는

---

[038] 크리스챤 아카데미편, 양극화 시대와 중간집단(서울: 삼성출판사, 1975), p. 9.
[039] 임종철, "한국 경제의 양극화와 그 극복", 양극화 시대와 중간집단(서울: 삼성사출판 발행, 1975), p. 39.
[040] 차인석, "한국 정치의 양극화와 그 극복", *Ibid.*, p. 19.

경제적 양극화 현상의 원인은 무엇인가?

여기에 대하여 임종철 교수는 산업 간, 기업 간, 지역 간, 계층 간에 경제적인 양극화가 생기는 궁극적 원인을 시장 세력이 자유롭게 작용하기 때문이라고 한다.**041** 그리고 이 자본주의적인 경기(景氣) 규칙은 항상 약자에게 가혹하게 나타난다고 지적하고 있다. 그러므로 이러한 양극화는 시장 세력의 자유로운 작용을 적절한 경제 통합 정책과 복지 정책으로 규제하여야 하는 것이 정부의 책임인 것이다.**042**

임종철 교수의 이 진단은 심화 일로에 있는 양극화 현상이 5·16 이후 두 번에 걸친 경제개발 5개년 계획이 추진되는 과정에서 한국경제가 그 규모와 물량적인 면에서 급속한 성장을 했다는 점은 이론이 없으나 그것이 곧 소망스러운 발전이냐에 대해서는 적지 않은 이의가 제기된다는 것이다.**043**

그것은 경제성장이 경제발전과 동의어가 아닐뿐더러 '경제성장=경제발전'이라 는 항등식이 언제나 성립될 수 없다는 것이다.**044** 이렇듯 한국 경제의 성장 제일주의적 개발 철학 및 외연적 성장 전략은 연평균 8.52%의 GNP 성장률을 올렸으나 큰 대가를 지불해야만 했다. 즉 15.91%의 물가 상승과 307억 7천7백40달러의 차관 도입과 외채 잔고를(1980년 말 현재) 갖게 되었다.**045** 그리고 이 시기에 산업 재해의 건수가 날로 더해 갔으며 더구나 해마다 증가하는 불법 쟁의의 건수나 쟁의 참여 인원수의 증가 또

---

041 임종철, *Op. Cit.*, p. 48.
042 *Ibid.*, p. 48.
043 장원종, "경제성장 5%의 현실화", *Ibid.*, p. 53.
044 *Ibid.*, p. 53.
045 김병서, *Op. Cit.*, p. 706.

는 노사 간의 긴장은 노동자들의 극심한 작업 생활에서 고저 되는 불만을 반영하는 것이기도 하다.[046]

특별히 1970년 11월 13일 평화시장 앞길에서 벌어진 전태일 씨가 500여 명의 동료들과 함께 "우리는 기계가 아니다"라는 플래카드를 들고 시위하다가 기동경찰대의 저지에 부딪혀 온몸에 휘발유를 뿌리고 불을 붙여 불타는 몸으로 "어린 일꾼을 혹사하지 말라" 외치며 죽어간 분신자살 사건[047]이나 70년대 후반기에 일어난 Y. H. 사건 등은 무엇보다 빈부의 양극화 현상과 사회적, 경제적 부조리의 현상을 드러내는 그 전형적인 상징이기도 하다.

2. 과잉 도시화와 이농(離農) 현상

한국의 근대화 과정에서 또 하나의 중요한 사회 문제는 과잉 도시화와 이농현상이라 할 수 있다.

임희섭의 조사 보고에 따르면 50년대의 우리나라 도시화율은 25%에 가까운 것이나 그때의 도시화는 전쟁으로 인한 비정상적인 인구의 도시집중이었다고 한다.[048]

그러나 1960년대 초반의 도시화는 공업의 발전에 의해서 촉진된 것으로 비교적 안정된 것이었으나 후반에 이르러 도시화율은 공업화율을 훨씬 앞질러 과잉 도시화의 특징은 대도시일수록 인구 집중률이 높다고 한다.

1960년에서 1966년까지의 서울시의 인구 증가는 1백36만 명으로 추

---

[046] 박영기, *Op. Cit.*, p. 159.
[047] 교역자 자료집(서울: 기장 총회 발행, 1983), pp. 60-61.
[048] 임희섭, *Op. Cit.*, p. 101.

산되는데, 그중 15만 5천 명은 서울시의 행정 지역 확장으로 인한 주변 인구의 합병에 의한 증가량이며 42만 1천 명은 자연 증가에 의한 증가량이고 나머지 78만 4천 명은 농촌이나 기타 중소 도시에서 이입에 의한 증가량이다. 그와 같은 증가의 추세는 1966년과 1970년 사이에 더욱 가속되어 이 기간의 서울의 인구 증가량은 2백6만 1천 명으로 추산되며 그중 19.4%인 44만 4천 명은 자연 증가에 의한 것이며 나머지 80.6%는 이입 인구에 의한 증가였다. [049] 이상과 같은 1960년대 후반의 지나친 도시화는 도시 인구의 실업, 교통, 주택 등과 같은 경제적, 행정적인 문제와 빈곤, 범죄 슬럼(slum) 등의 사회 문제를 야기시켰다. 이 현상의 경우도 1960년대 초반에는 농촌 인구의 과잉 상태로서, 전체 인구의 58.3%를 차지하지만 1970년도의 45.9%에서 점점 줄어들어 28.9%로 감소하였다. 그 결과 서울, 부산, 대구, 광주 등을 포함한 대도시 인구는 1960년도의 28.8%에서 1970년에 43.2%, 1980년에 57.2%로 증가하였으니 이는 급격한 도시화 현상이다. [050]

그렇다면 그와 같은 과잉 도시화와 이동 현상은 왜 빚어졌을까? 일반적으로 우리나라 농촌은 소작 형태의 영농, 영세한 경작 규모, 생산비에 비하여 지나치게 낮은 양곡 가격 등으로 인해서 영세 농가가 상당수를 차지하고 있는데 1960년대의 도시화에서의 공업화는 새로운 노동력을 요구하게 되었다.

이처럼 도시에서의 공업화가 어느 정도 농촌의 영세민을 흡수하게 되자 대부분 농민은 새로운 기회를 찾아 무작정 도시로 모여들게 되었다. [051]

---

049 *Ibid.*, pp. 101-102.
050 경제기획원, 한국통계연감(서울: 기독교연합회, 1980)

임희섭은 이 현상을 분석하면서 이 현상은 극심한 재난이나 흉작, 빈곤 등의 비자발적인 요인에 의한 이동을 제외하고는 주로 도시와 농촌의 격차에 의한 것으로 진단한다.[052]

한편 전통적 영농을 기반으로 했던 한국 경제가 1960년대의 공업화로 비농업 부문의 급격한 성장을 통한 경제 성장을 이룩하게 되자 농자천하지대본(農者天下之大本)이라는 종래의 농촌관에 큰 충격을 주게 되었다.

1945-60년에 있어서는 비농업 부문도 농업 부문과 마찬가지로 정체 상태에 있었기 때문에 산업 간의 성장 격차는 차이가 별로 없었지만 1960년대에 와서는 농업 부문에 비하여 비농업 부문의 성장률이 현저하게 높아진 것이다.[053]

도시와 농촌의 격차는 경제뿐 아니라 교육 문화 사회복지 등에서도 현저하다. 예를 들어 도시 지역에 중학교 진학률은 70~90%인데 비하여 농촌지역의 중학교 진학률은 20~40%에 불가하며 모든 문화 시설과 기회가 농촌일수록 빈약했다. 또한 도시에는 인구 2천 명에 대하여 의사 한 명의 비율인 데 비하여 농촌에서는 인구 1만에서 2만 명에 대하여 의사 한 명의 비율에 불과했다.[054] 이와 같은 도시와 농촌의 심한 불균형의 격차는 도시의 공업화라는 요인에 의해서 자극되어 많은 영세 농민과 농촌의 청소년층 인구를 도시로 이동하게 하였으며 그 결과로 1960년대 후반의 한국에서의 과잉 도시화와 이농 현상이라는 불균형의 양극화를 초래했다. 이에 따라 도시마다 영세한 판자촌이 급증해 갔으며 이는 또 계속

---

051 *Ibid.*, p. 102.
052 *Ibid.*, p. 102.
053 *Ibid.*, p. 103.
054 *Ibid.*, p. 103.

된 사회 문제를 제기하기도 하였다.

3. 불안정한 정치 상황

정치와 경제 간의 불균형도 지난 20년간 더욱 심화하였다. GNP의 놀라운 성장과 반비례하여 정치 발전이 놀라울 정도로 후퇴하였다. 이러한 관계는 제4공화국의 출범과 더불어 두드러지게 나타났다. 물량적 성장이 눈부실 정도로 나타나는데도 정치적 자유의 양이 줄어들게 된 것은, 경제 성장과 분배가 함께 성장 되지 않고 오히려 경제 성장에 따라 경제적 양극화 현상이 악화하였기 때문이다. 부의 편재, 또 이 편재에 대한 국민의 비판적 의식, 자유의 제약과 그것에 대한 국민의 비판의식 등이 서로 상승 작용하여 사회적인 불안과 불만은 더욱 고조되었다.

사회학자 한완상 박사는 이러한 불안과 불만을 진단하기를 국민 총생산(GNP)과 국민 총복지(GNW)와 국민 총만족도(GNS) 간의 심한 불일치에서 온다고 한다. 즉 GNP는 올라가는데 GNW는 제자리걸음을 하고 GNS는 오히려 내려가게 되니까 사회 불안과 불만이 고조될 수밖에 없었다고 한다. 비록 강력한 사회 통제력 때문에 이러한 불만과 불안을 겉으로 드러낼 수 없다 하더라도 이것이 속으로 깊이 흐르고 있음을 부인할 수 없는 것이다.[055]

이상과 같은 경제적 불안은 아무리 성장의 혜택을 받는 상, 중류층의 국민들까지도 불안정과 불안한 생활을 떨쳐 버릴 수가 없으며 급변하는 정치 현실 속에서 그 불안감은 더해 갔다.

6, 70년대의 정치 기상도의 특징을 단적으로 표현한다면 자유당 정권

---

[055] 한완상, "교회 양적 급성장에 대한 사회학적 고찰", 한국교회 성령 운동의 현상과 구조(서울: 크리스챤 아카데미 대화출판사, 1982), pp. 173-174.

의 무기력과 부조리, 그리고 부정 선거에 항거한 4·19 학생 혁명, 5·16 군사정권 수립, 굴욕적 한일 협정 강행, 이에 항거하여 1964년과 1965년에 걸쳐 쉴 사이 없는 데모. 계엄령 과 학원의 휴교 사태…. 1969년 장기 집권을 위한 대통령 3선 개헌을 반대하는 격렬한 시위운동, 또다시 학원의 휴교 사태 그리고 1971년에 비록 성공적인 것은 아니나 남북이 한 동족이라는 강렬한 의식을 일깨워준 남북 적십자회의와 1972년의 7·4 남북공동성명, 1972년에 유신헌법의 통과, 그 후 1979년 10·26사태로 박 정권이 종말을 고할 때까지 일체를 규제하며 이끌어간 유신체제 그 자체였다. 그리고 긴급 조치의 발동, 언론 통제, 교수 재임명제 등은 유신 체제의 성격을 상징하는 사건들이었다. 참으로 숨 가쁜 20여 년이었다.

한국은 이 숨 가쁜 격동의 시기에 근대화 작업을 지상 목표로 내세웠다. 그리하여 1962-80년의 한국의 근대화는 무엇보다도 경제 제일주의의 정책하에 모든 정치가 수행되어 왔다.

정치학자 유근식은 〈공업화와 민주화 그리고 국가〉라는 논문에서 이를 잘 설명해 주고 있다. "경제 제일주의는 국가 이념의 숙고는 물론 국가 개념에 그리고 국가 목적과 국가 목표에 관한 논의의 여지를 허용하지 않는다. 경제 제일주의에서 볼 때, 예를 들면 국가적 차원에서의 교육 제도의 구조 개조 요청은 스탈린의 사고라고 낙인 찍게 되고 그리하여 모든 구조적 개혁 요청은 이데올로기적인 것으로만 해석되어 거부한다."[056]

이처럼 경제 성장만을 위주로 하는 산업화 과정에서 흔히 볼 수 있는 정치 현상은 국민의 자율성과 민주화의 개발을 위협하는 획일적인 관료 체제이다.

한국 사회에서는 전통적으로 관존민비의 사고방식이 관료주의적 인

---

[056] 유근식, "공업화와 민주화 그리고 한국", <u>근대화 20년의 정치와 과제</u>, p. 19.

간관계를 지배하여 왔는데 근대화 정책이 획일적 관료제도에 주로 의존하여 시행될 때 새로운 사회의 특전 체제와 권력 지위 층이 대두되었다. 그 결과 권력층 밖에 사는 민중의 정치적 소외감은 불안을 더욱 증대시킨 것이다. 즉 한국의 근대화 정책은 민주화를 억제하고 사회적 특권 체제와 권력 지위를 중축하는 특징을 갖는다.[057] 또 다른 측면에서 국민은 남침이라는 공포 분위기에 사로잡혀 살 때 급변하는 정치 구조와 불안정은 정치적 불안을 더해 주었다고 하겠다.

제3절 한국교회 상황과 기장 교단의 선교적 진로

신학은 복음의 진리를 밝히는 동시에 선교적인 현실적 교회에 봉사하는 학문이라 이해한다. 즉 보편적 복음의 뿌리를 박는 동시에 개별적이며 구체적인 한 문화에 뿌리를 내린 학문이 곧 교회에 봉사하는 신학의 성격일 깃이다. 따라서 한국 교회의 제 과제노 바로 한국의 현실과 교섭을 매개로 한 한국 교회의 과제이다. 그러므로 6, 70년대의 한국 교회의 상황은 현실과의 상관관계에서 살펴져야 할 것이다.

한국 사회는 과거 20년간 개발과 근대화가 가져온 사회변동이 모든 제도적 생활 영역에 영향을 주었고 특히 경제생활, 정치환경, 교육제도, 종교생활, 가정까지 속속들이 배어드는 현상을 보인다.

1960년은 자유당 정권이 종말을 고하는 해요, 정치와 사회의 부조리가 극치에 달한 시기이다. 드디어는 학생들에 의한 4·19 혁명으로 정권이 교체된 해였다. 그러나 한국교회는 이와 같은 사회적인 큰 전환 속에시도

---

057 Ibid., p. 20.

현실에 대한 아무런 반성도 응답도 없이 그저 침묵으로 일관하였다.

유동식 교수는 이때의 한국 교회와 신학적 풍토 및 그 분위기를 설명하기를 그해의 신학적 논조에서는 현실에 대한 단 하나의 신학적 반성도 찾아볼 수가 없었다고 한다. 다만 근본주의, 자유주의, 신정통주의, 가톨릭 등 역사적인 신학 사조를 이해해 보려는 자기 수양에 급급한 시기였다[058]고 한다.

한국 교회의 이와 같은 현상은 8·15 이후의 혼란기와 6·25의 민족적 비극과 휴전 이후 사회적 건설의 과정이라는 15년 이상의 세월에 이르기까지 교회가 처해 있고 그 속에서 숨 쉬고 있으면서도 민족 사회 역사 등의 현실 문제에 얼마나 둔감하고 무관심하였나 하는 것을 말해주는 것이기도 하다.

그뿐만 아니라 이 15년의 중대한 전환의 시기에 교회는 분열에 분열을 거듭하므로, 반역사적 내지 반사회적인 교회의 모습을 드러내 왔음을 솔직히 인정하지 않을 수 없다.

교회 그 자체가 서로 화해하지 못할 때 교회는 세계와 창조적으로 화해하려는 하느님의 역사에 역행한다는 사실을 시사해 주는 것이기도 하다.[059]

한편 4·19 혁명으로 인하여 정권을 이어받은 무능한 민주당의 정권은 1년을 제대로 지탱하지 못하고 5·16 쿠데타를 맞았다.

군정 밑에서인 1962년에야 비로소 한국 교회의 일각에서 혁명에 대한 반성이 일기 시작했다. 4·19의 혁명을 회고하고, 아시아와 유럽에서의 혁명과 기독교 등 광범위한 반성을 시작하며 새삼스레 신교의 자유 문제를

---

[058] 유동식, 한국 신학의 광맥(전망사 발행, 1982): pp. 221-222.
[059] 이계준, 한국 교회와 하느님의 선교(서울: 전망사 발행, 1981), pp. 87-88.

논의하기 시작했다.

한편 민족 국가의 건설이나 경제 개발에 대한 크리스천의 참여 여부 등이 활발히 논의되었다. 이 무렵 한국 교회는 군사 정권의 귀추를 주시하면서 군사 정권의 민정 이양을 강력히 촉구했다.[060] 특별히 해방 이후 기독교가 정치에 처음으로 깊숙이 파고든 것은 한일 협정 재개 때의 일이다. 지금과 같은 식으로 결정한다면 과거 36년의 그것을 다시 되풀이 하는 길밖에 안 된다고 반박한 교회는 사과하는 빛 하나도 없는 일본 근성을 경계하면서 주체성 없는 진행에 대하여 구국의 기치를 드높이 항거하였다.[061]

그 후 일본 교회는 1967년에 가서야 〈세계 제2차 대전하에서 일본 기독 교단의 책임에 대한 고백〉이란 글을 아세아 여러 나라에 발송하고 있었다. 종전 13년 후의 일이다. 독일의 소위 〈슈투트가르트 선언〉은 1945년 10월에 벌써 발표되고 있었다.[062]

한편 한국 교회가 제 나라의 불의와 정치적 전제에 대한 항거는 역사상 공화당의 3선 개헌에 대한 반대가 그 최초의 것이다. 교회는 N.C.C.를 통해서 그것이 하느님의 뜻에 빗나간다고 항의하고, "우리 국론의 분열과 약화를 초래하는 3선 개헌 발의에 대해서 깊은 우려와 심한 유감의 뜻을 표한다"[063]고 하였다. 이것은 정부와의 관계에서 우리 교회가 중요시해야 할 시점이기도 하다.

---

[060] 민경배, "한국교회 25년사"(1945-1970년) 기독교 연감 1972(서울: 한국기독교교회협의회 발행, 1972), p. 30.
[061] Ibid., p. 30.
[062] Ibid., p. 30.
[063] Ibid.

한편 현실 참여가 논의되고 행동화되는 마당에 교회는 그 방법론을 모색하는 듯이 평신도 운동과 산업 전도가 고조되는가 하면, 선교와 관련된 기독교의 토착화론도 활발히 논의되고 있었다.

개신교 선교 후 80년을 맞이했고 한국동란 후 20년을 맞이한 1965년에는 여러모로 자기를 반성하려고 했다. 이러한 노력은 교회의 자립과 신학의 자립에 전제인 동시에 한국 전체의 한 자의식이기도 하였다. 1966년에는 기독교의 세속화론과 곁들여 급진 신학이 논의되었고 한국 교회의 구조가 재검토되기 시작했다.

기장의 선교적 방향은 정확히 이 무렵부터 적극적으로 현실 문제에 초점을 돌리기 시작하였다.

즉 기장 30년 역사를 3기로 나누어 1953-63년을 교단의 정착기, 1963-73년을 교단의 정체성의 확립과 전열을 가다듬는 시기, 1973-83년을 역사 참여와 인권 운동에 앞장서며 민중과 민족의 의미를 재발견하고 민중신학 형성에 선도적 역할을 담당하는 시기[064]라면 제2기와 제3기의 경계선에 해당하는 시기이기도 하다.[065]

60년대 후반에서 70년대에 걸친 한국 교회의 선교적 상황은 꼭 도식적인 것은 아니나 크게 세 가지 유형으로 나누어서 생각할 수 있다.

그 하나는 개인의 영적 구원과 교회 성장을 목적으로 한 보수주의적 신학에 근거한 교회, 또 하나는 사회 역사적 구원을 목적으로 한 진보주

---

064 김경재, '기장 새 역사 30년 그 역사와 과제' 교역자 자료집(서울: 기장 총회 발행 1983), pp. 28-29.

065 기장은 이 시기에 자기 정체성의 표현인 4대문서를 확정하며 선교 교육원과 사업국을 통하여 기장의 신학과 신앙고백을 교회안에 평준화할 것을 노력하는 한편 선교 활동 자유수호 위원회가 조직되어 역사 참여에 앞장섰다. 그리고 이 시기에 교단의 교세를 2,000 교회로 확장하고 추진 시키기로 하였다(회보 제245호, p. 9.).

의적 신학에 바탕을 둔 교회, 셋째는 거시적 안목에서 자유주의적인 종교 신학에 근거한 교회이다.[066] 이것은 다 같이 한국의 선교적 지평을 넓히고 심화시키는 길이며 문화 창조에 관여하는 길이다. 다만 그 중 어느 길을 더욱 적극적으로 선택하는가 하는 것은 교단적 배경이 크게 작용한다.

신학자 한철하 박사는 〈한국 신학의 동향〉이란 논문에서 "신앙의 자유 탐구의 면을 자유주의라 부르고 신앙의 자기 보존의 능력을 보수주의라 부른다면 사실 어느 신학자나 이 양면을 다소나마 다 찾을 수 있다. 다만 그가 어느 면에 더 관심을 두는가에 따라서 자유주의 혹은 보수주의라 부를 수 있다. 이와 같이 볼 때 역시 신학자들의 그 교단적 배경이 중요성을 가진다."[067]고 하였다.

그리고 주재용 교수는 〈기장의 신학〉이란 논문의 결론 부분에서 다음과 같이 언급하고 있다. "초대 교회에 신학 학파 중에 알렉산드리아 학파가 있었고 안디옥 학파가 있었다. 전자는 '위에서 아래로'의 신학적 방법이요 후자는 '아래에서 위에로'의 신학 방법이다. 그러나 어느 학파도 하늘 땅의 어느 하나를 부정하지 않는다. 다만 그 접근 방법이 다를 뿐이다. 기장의 신학적 입장은 안디옥 학파적이라 할 수가 있다."[068]

이상의 두 견해는 곧 어느 한 길 만이 절대적이라기보다 신앙자 자기 관심의 우선권과 교단적 선택의 배경에 따라 다를 수 있다는 뜻이다.

어쨌든 한국기독교장로회는 60년 후반의 사회, 문화적 현실에서 특별히 유신 체제하에서 이루어진 급속한 사회 변동과 온갖 부조리의 현실에

---

066 유동식, 한국 신학의 광맥(서울 : 전망사 발행, 1982), p. 257.
067 한철하, "한국 신학의 동향", 기독교 연감, 1970(서울: 한국기독교회협의회 발행, 1970), p. 44.
068 주재용, '기장의 신학', 세계와 선교 제47호(서울: 한신대학 발행, 1984), p. 16.

서 두 번째 길인 사회-역사적 구원을 목적으로 한 진보주의적 입장을 취하였다.

과연 기장의 기장됨은 무엇이며, 기장의 선교 이념이란 무엇인가? 기장의 기장됨 즉 기장성이란 1953년 창립 당시의 선언문 가운데서 찾아볼 수 있다. 이 선언문 가운데 특별히 마지막 부분인 "이 시대 하느님의 선교의 사역자가 되어서 전적인 그리스도인의 복음을 인간의 모든 생활에 파고들어 전파한다"[069]는 내용이 바로 기장성을 뜻하며 기장의 선교 이념이기도 하다.

그러나 1953년 창립 당시 이 "전적인 복음"이란 뜻의 중요성에 대하여 별로 거론되지 않은 채 무려 10년 이상을 지내왔다. 이 전적인 복음이라는 말은 주로 최근 10년 동안에 생긴 선교 구호로서 복음이 인간의 모든 생활 영역에 침투케 한다는 점을 새롭게 깨닫고 강조한 것이다.

그리하여 기장의 교회는 그리스도의 복음의 사회성 내지는 역사성에 더 큰 관심을 집중하였다. 즉 교회의 선교적 사명은 개인 영혼의 구원이나 개인의 선행을 통한 사회 발전에서가 아니라 하느님의 정의에 입각한 사회 변화를 통하여 모든 사람의 자유, 안전 및 평화를 이룩하는 데 선교적 역점을 두었다.

그리하여 1970년 초부터 기장 교단은 한국의 정치와 경제와 사회에 대한 깊은 관심과 책임감을 가지고 현실 참여에 앞장서게 되었다. 따라서 이 무렵 기장의 교역자와 학생들이 정부 시책을 비판함으로 정부와의 관계에서 심한 마찰과 수난을 받았으며 교단으로서 받은 상처와 고난도 적지 않았다. 특별히 산업 선교와 도시 선교 문제로 타 교단의 교역자와 선교 요원들도 고난을 받았지만 기장 교역자들이 더 심한 고난을 받았다.

---

[069] 이장식, "기장의 선교 경책의 방향", <u>30년 기념 교역자용 자료집</u>, 1983, p. 37.

기장의 현실 참여 문제는 교단 안에서도 적지 않은 불협화음을 가져왔다. 즉 행동주의적 참여파와 교회 성장 및 성령 운동파 사이에 상호 비판이 있었다. 신학적으로는 사회 구원론에 대한 의견의 차이가 있었고, 사회 구원과 개인 구원을 이분화시키려는 양극단도 있었다.

즉 양과 질의 논쟁, "모이는 교회가 우선이냐", "흩어진 교회가 우선이냐", "성령 운동이냐", "행동적인 증언이냐", "인간화가 앞서는가", "복음화가 앞서는가" 등의 논쟁과 견해의 대립으로 교단 내의 심한 갈등과 분극의 현상을 드러내기도 했다.[070]

그러나 선교 정책의 전체적 태세는 사회-역사적 구원을 목적으로 한 진보주의적 입장이었다. 기장 교단은 이 시기에(1963-73) 자기 정체성을 확보하고 하느님의 군병으로서의 전열을 가다듬었다. 그리고 기장의 기본적 신앙 고백서와 역사적 선교 문서들을 고백 채택하고 교단이 나아갈 신앙 노선을 지침으로 제시하였다.[071]

물론 이와 같은 방향은 선교 정책에만 나타난 것은 아니다. 1964년 제49회 총회 이후 총회의 주제 또는 특별 집회의 주제에서도 선명하게 볼 수 있다.

1964년 제49회 주도 하나요, 교회도 하나다.
1965년 제50회 교회의 갱신
1966년 제51회 화해의 복음
1967년 제52회 만물을 새롭게
1968년 제53회 선교 정신의 갱신

---

[070] 회보 제245호.(총회 발행, 1983), p. 8.
[071] 김경재, "기장 새역사 30년 그 역사와 과제", 30년 기념 교역자 자료집, p. 29.

1969년 제54회 하느님께서 화목케 하시고 자유롭게 하신다.

1970년 제55회 다양성 안에서의 일치

1971년 제56회 앞으로 나아가는 교회

1972년 제57회 서로 힘 모아 약동하는 교회를 이룩하자.

1973년 제58회 선교의 힘찬 새 역사를 그리스도와 함께 이루자.

1974년 제59회 우리는 그리스도의 평화, 자유, 정의를 위해 일한다.

1975년 제60회 90년의 선교 역사를 더욱 빛나게

1976년 제61회 끊임없는 자기 갱신, 힘찬 선교의 전진

이상의 주제들은 기장이 세계 교회 흐름에 얼마나 민감한가 하는 것과 기장이 역사 참여를 통한 선교의 지대한 관심과 교단의 선교적 진로를 표명하는 것이기도 하다.

제3장 Missio Dei 신학과 기장의 4대문서

1960년대 이후 W.C.C.(세계교회협의회)를 중심으로 한 선교신학[072]과 한국기독교장로회의 선교신학[073]의 주된 선교 개념을 지적한다면 'Missio Dei' 신학이라고 단적으로 말할 수 있다.

특별히 에큐메니컬한 국제 사회에서 〈하느님의 선교〉라는 말을 사용하기 시작한 것은 1952년 빌링겐(Willingen) 세계선교협의회(I.M.C) 대회 때부터였으며 이 선교 개념을 좀 더 이론적으로 정립하고 신학화한 사람은 휘체돔(G. Vicedom)[074]이었다.

1960년대에 접어들면서 "하느님의 선교"라는 선교 개념은 세계 교회에 널리 수용되면서 1960년대 이후 W.C.C.의 지배적인 선교 개념으로 등장했다. 세계 교회의 흐름에 민감한 한국기독교장로회는 1969년에 70년대를 내다보면서 "선교협의회"를 구성하고 한국기독교장로회가 이 땅에서 전개해야 할 선교 활동이 〈하느님의 선교〉임을 밝혔다(회보). 그 이후

---

[072] 1960년대 이후 W.C.C.를 중심한 선교 신학의 고찰은 G.H. Anderson이 편찬한 〈The Theology of the Christian Mission〉의 Introduction인 "The Theology of the Twentieth Century"의 결론 부분을 특별히 참조할 것과 박근원 교수의 논문 "1960년대 이후의 선교 신학"의 참조를 바란다.

[073] 한국기독교장로회의 선교 신학의 내용은 기장의 4대문서를 참조하기 바란다. 본 논문에서는 3장 2절에 가서 자세한 설명을 하고자 한다.

[074] Georg F. Vicedom박사는 『Missio Dei』의 저자이며 독일 바바리아(Bavaria)의 노이엔데틀사우(Neuendettelsau) 신학 대학의 신약학 교수로서 1950년대에 에큐메니컬 토의 과정을 종합하여 Missio Dei 개념의 성서 신학적 정리를 해준 신학자다. 그는 1958년 이를 『Missio Dei』라는 이름의 책으로 엮어 출판했다. 한가지 특기할 사실은 Missio Dei 신학을 발전시키는데 공헌한 그가 1960년대 후반에 W.C.C.의 신학이 너무나 급진적으로 사회화함에 따라 Peter Beyerhaus를 위시한 반 에큐메니칼 복음주의 신학자들과 보조를 같이 하며 프랑크푸르트 신학 선언에 서명한 신학자이다.

1969년 제54회 총회에서 채택한 "교회 교육 정책"에서 하느님의 선교 신학에 기초를 둔 교육 방향을 제시한다075고 한 것을 비롯하여 1971년 제56회 총회에서 만장일치로 채택한 "사회선언 지침"에서도 "하느님의 선교를 위해 존재하는 한국기독교장로회"076라고 언급하고 있다.

그리고 1973년 제58회 총회에서 채택한 '선교 정책'에서도 "이 교단을 통하여 이 땅에서 하느님의 선교 과업에 동참하여 한국의 역사와 문화를 그리스도의 것으로 만들기 위함이었다는 것을 믿는다"077고 하고 있으며, 제60회 '총회 선언서'에서는 "하느님의 선교"가 기장의 선교 이념임을 강조하며 "우리의 선교는 인간과 세계 속에 이미 일하시는 하느님의 선교를 우리 교회가 바로 이해하고 어떤 장애와 고난 속에서도 그의 전적인 복음을 선포하는 것이다."078라고 재확인하고 있다. 그리고 이 "하느님의 선교" 신학에 따라 선교 100주년을 향한 교단의 종합적 사항을 전망하고 있다.

이상과 같이 세계 교회를 중심으로 한 선교신학의 주된 선교 개념인 "하느님의 선교" 신학이 한국기독교장로회에 준 영향은 지대한 것으로 보인다. 그러므로 본 3장에서는 "Missio Dei" 신학이 나오기까지의 배경과 그 특성을 밝히며 기장의 4대 문서를 검토해 보고자 한다.

---

075 "교회 교육 지침서" 기장-연혁, 정책 선언서, (서울: 기장총회 발행, 1974), p. 81.
076 "사회 선언 지침", Ibid., p. 72.
077 "선교 정책", Ibid., p. 72.
078 "1975년 총회 선언서" 새역사 30주년 기념, 교역자용 자료집, p. 24.

제1절 "Missio Dei" 신학의 배경과 그 특성

1. "Missio Dei" 신학의 배경과 그 동향

교회사가(敎會史家)들은 19세기를 선교의 시대라 하는가 하면 20세기를 에큐메니컬 시대라고 한다.[079] 어떤 신학자는 20세기의 에큐메니컬 운동을 제2의 종교개혁이라고도 한다.[080] 즉 16세기의 종교개혁은 마르틴 루터가 독일 비텐베르크 성전 문에다 '95개 조의 논제'를 붙였던 역사적 사건을 기점으로 한다면, 제2 종교개혁의 때와 사건의 기점은 "상징적으로는 1910년 영국 에든버러에서 모였던 '세계선교협의회'(I.M.C.)가 그 출발이며, 사건적으로는 1961년 인도 뉴델리에서 모였던 세계선교협의회(I.M.C.)와 세계교회협의회(W.C.C.)가 하나가 된 계기이며, 신학적으로는 1950년대에 새로이 부각된 '하느님의 선교'라는 신학적 개념이 그 박차를 가했다"[081]고 한다. 이러한 관점에 대해서는 보는 입장에 따라 의견이 있을 수 있으나 오늘의 에큐메니컬 운동이 전 세계의 교회와 그리스도인에게 지대한 영향을 끼치고 있으며 앞으로도 그 영향의 파장은 크리라 하는 것만은 분명한 것 같다. 물론 이 운동이 한국교회에 끼친 영향을 긍정적인 면도 있으나 부정적인 면도 적지 않으므로 좀 더 자세한 설명이 요청되나 다음 기회로 돌리고 여기서는 주로 1910년 에든버러회의 이후의 에큐메니컬 운동의 흐름을 추적하고 그 선교 개념의 변천 과정을 간략하게나마 살핌으로 "Missio Dei" 신학이 나오기까지의 배경과 동향을 살피고

---

079 전호진, "에큐메니칼 운동과 선교론 비판", <u>한국 교회와 선교</u>(서울: 정음출판사, 1983), p. 87.
080 박근원, 오늘의 선교론(서울: 전망사, 1983), p. 49.
081 Ibid., p. 49.

자 한다.

1) 에든버러(Edinburgh) 선교회의(1910년)

앞에서도 지적한 바와 같이 1910년 에든버러 회의는 20세기 에큐메니컬 운동의 상징적인 바탕이 되었다. 물론 국제 선교회의는 19세기에 이미 여러 번 모였었다. 1854년에는 뉴욕과 런던, 1860년에는 리버풀, 1878년에는 런던, 1888년에는 런던, 1900년에는 뉴욕, 1907년에는 옥스퍼드에서 모였다. 그러나 1910년 에든버러 회의는 그 어느 회의보다 더 포용성과 공동성을 드러낸 모임이었으며 교파 간의 차이를 인정하면서도 협력하려는 의욕에 찬 모임이었다.[082]

종교 개혁 이후 로마 가톨릭교회는 일치된 신앙체계를 가지고 그 신학과 사회적 교훈을 교황의 교서를 통하여 피력해 왔다. 그러나 개신교는 우선 그 신앙의 체계 형성 그 자체를 거부함으로 신학이 자유롭게 파생되어 갔으며 이에 따르는 사회적 지침(행동)도 탁상의 대화처럼 그때와 장소에 따라 단편적으로만 겨우 그 맥을 이어 왔다.[083] 그래서 19세기는 세계 선교의 대약진의 세기이기도 하지만 선교상의 많은 문제를 제기하기도 했다. 그러던 중 세계 선교활동에 참여한 개신교의 교파들이 교단 사이의 상호협력과 불필요한 분파적 경쟁을 없이하기 위하여 1910년 8월 에든버러에서 세계 선교대회를 갖게 된 것이다.

---

[082] 이장식, 현대 교회학(서울: 대한기독교서회, 1974), p. 166.
[083] 김중기, "에큐메니칼 신학과 이데올르기", 이데올르기와 신학, 고범서 편저(서울: 범화사, 1983), p. 116.
[084] Ibid., p. 116.(더 자세한 것은 Harold E. Fey, ed., The Ecumenical Advance: A History of the Ecumenical Movement 1948-1968(Philadelphia: The Westminster Press, 1970)을 참조.

이 모임의 주된 과제는 무엇보다도 "기독교 신앙의 본질적 보편성을 찾아 교파적 분열을 배제하자는 것이었다."[084] 그리하여 여기서는 신앙과 제도의 문제는 물론이고 신학적인 교리의 차이 문제를 취급하지 않는 것을 원칙으로 삼았다. 그러나 이 회의의 직접적인 한 결실은 "신앙과 직제"(Faith and Order) 연구회의 탄생이었다.[085] 이 대회의 한 특색은 1,335명이 모인 회원 가운데 불과 17명이 피선교지의 대표였으나 이 소수의 대표가 선교 모 교회 대표들에게 끼친 감명은 대단히 컸다는 것이다. 그들의 감격과 기쁨의 표현만이 아니라 그들의 식견과 선교 정책론에 놀랄 정도였다. 또 한 가지 지적할 만한 것은 과거 S.C.M. 운동을 열심히 해 오던 젊은 지도자들이 이제는 선교사업의 새 지도자들로 등장하게 된 사실이었다.[086]

이 최초의 본격적인 세계 선교회의에서 선교사업에 던져진 중요한 물음은 단적으로 "어떻게 할 것인가?" 하는 문제였다. 이 회의는 우선으로 선교의 전략에 관심을 가지며 거기 참가한 사람들은 대개 그리스도의 지상 위탁(마 28:19)이 선교사업에 필요한 유일한 근거임을 확인하였다.[087]

이 회의의 주제를 좀 더 구체적으로 지적한다면 첫째는 비기독교 세

---

[085] "신앙과 직제" 제1차 세계대회(Lausanne, 1927)에서 우선 신앙고백의 일치는 사도신경과 니케아 에큐메니칼 신조를 공동 신념으로 하고 그리스도의 복음을 메시지의 근간으로 한다는 결실을 보게 되었다. 즉 "세계를 향한 교회의 메시지는 예수 그리스도의 복음이며 그리고 항상 그 복음으로 존속하여야 한다."는 것이다.

[086] 이 대회의 장 모트(J. R. Mott)는 세계 선교의 큰 환상을 가진 선교 정책가였다. 올담(J. H. Oldham), 브렌트(C. H. Brent)등이 중요한 역할을 담당하였고, 학생 지도자로서 베일리(John Baillie), 맨슨(W. Manson), 패튼(W. Paton), 템풀(W. Temple), 커크(K. Kirk) 등을 들수 있다.

[087] Gerald H. Anderson, "The Theology of Mission among Protestant in the Twentieth century," The Theology of the Christian Mission (New York: McGraw-Hill Book Co. Inc. 1961), p. 5.

계에 복음을 증거하는 문제, 둘째는 선교지의 교회분석, 셋째는 협력과 일치의 모색이었다.[088]

먼저, 주제와 관련하여 이 회의는 선교지의 문화 종교 등 전도에 있어서 씨(복음)를 받아들이는 밭(마음)을 검토하였다는 점에서 19세기 선교와 다르다.

전호진 교수는 그가 쓴 〈에큐메니컬 운동과 선교론 비판〉이라는 논문에서 에든버러 회의를 종합적으로 평가하면서 세 가지 점을 지적하고 있다.

(1) 신학 사상은 19세기 선교와 비교할 때 변하기 시작했다는 것이다. 즉 성서의 권위에서 그리스도의 권위로 대치되었고 사회의식이 강한 신학자들이 참여하여 개인주의적 경건주의를 비판한 점이다.
(2) 신학적 포괄주의와 함께 차이를 무시한 연합을 강조한 점이다. 즉, 피선교지에 하나의 토착교회(Indigenous Church)를 세우기 위한 연합과 협력을 강조하고 상임위원회를 설치하였다.[089]
(3) 에든버러 회의의 공적은 선교가 어느 개인의 책임이 아니라, 온 교회의 책임임을 강조한 점이다. 이리하여 피선교지의 교회도 선교에 참여하도록 강조한 점이다.[090] 즉 금후 에큐메니컬 조직체를 위한 기본 원칙이 세워진 셈이다.

---

[088] 전호진, *Op. Cit.*, p. 92.
[089] 이 상임위원회가 "신앙과 직제", "생활과 사업"이라는 W. C. C.의 전신인 두 기구이다. 이 점에서 에든버러 회의는 현대 에큐메니컬 운동의 시초이기도 하다.
[090] 전호진, *Op. Cit.*, pp. 92-93.

참으로 에든버러 회의가 그 후 에큐메니컬 운동에 끼친 영향과 의의는 지대한 것이었다.

2) 예루살렘 회의(1928년)

1928년 수난주간에 모인 이 회의는 예루살렘의 감람산에서 231명의 대표가 참석한 회의로서 1921년 정식으로 조직된 세계 선교협의회였었다(한국 대표로는 김활란 박사가 참석).

이 회의에서 다룬 중요 의제는,

(1) 비기독교 사상과 생활과의 관계에서의 기독교 메시지

(2) 피선교교회와 선교교회(The Younger and Older Church)

(3) 종교 교육

(4) 선교와 농촌문제

(5) 선교와 산업

(6) 세계적 선교 협력이라는 주제

등이었다.[091]

이 회의의 특징은 첫째로 서구의 백인만이 아니라 유색인종인 피선교교회의 지도자들의 발언이 높아졌다는 사실이다. 즉 아시아와 아프리카의 젊은 교회들의 자각과 주체성의 확립을 위한 이 움직임은 금후의 선교정책의 일대 변혁을 필요로 하는 것이었다. 이 회의에서 토착민(土着民) 교회의 정의를 세우게 되었는데 그것은 다음과 같다.

예수 그리스도를 통하여 하느님 안에 깊이 뿌리를 두고 있으며 세계 교회의 한부분이 되는 교회를 실아 있고 또 도착화한 교회라고 밀힐 수

---

[091] *Ibid*., p. 95.

있는 것은 (1) 그 지교회가 모든 땅과 모든 시대에 있어서 교회의 유산을 보존하는 한편 그리스도의 해석과 그리고 그것의 표현이 그 백성의 가치 있는 특징과 통합되어서 예배와 관습과 예술과 건축에서 나타날 때 (2) 그 지교회를 통하여 예수의 정신이 모든 부면의 생활을 감화시키며 남여를 막론하고 모든 사람의 모든 힘을 그리스도를 섬기는 일에 바치도록 만 들 때 (3) 그 지교회가 적극적으로 그 서 있는 땅의 백성과 생활을 같이 할때 (4) 그 지교회가 지역사회의 정신적 힘으로서 그때 그때의 문제에 관심을 가지고 그 해결을 위해서 용감하게 또 동정적으로 공헌할 때 (5) 그 지교회가 선교의 열심과 개척적인 정신이 불탈 때이다.**092**

둘째로, 이 회의의 기독교 메시지 즉 복음을 재검토하였다는 점이다. 특별히 자유주의 영향으로 에든버러 회의는 "How Mission"(방법)이 주제였으나 예루살렘에서는 "왜 선교해야 하느냐"가 토론되었다.**093** 이러한 경향은 이 회의가 19세기의 경건주의의 복음을 포기하는 것이며, 복음의 "혼합주의적 방법"(Syncretistic Approach)이라는 평을 듣기도 했다.**094**

셋째로 다루어진 중요한 문제는 사회적 관심(Social Concern)이 두드러지게 나타난 점이다. 이 회의는 "그리스도의 복음은 개인의 영혼만을 위한 메시지만이 아니라 개인이 살고 있는 사회조직과 경제관계의 세계를 위한 메시지도 포함한다."고 하면서 개인 중생과 사회 중생을 분리하는 것은 오류라고 지적했다.**095**

넷째로, 하느님의 나라 개념에서 미국과 구라파 신학이 서로 충돌하

---

092 이장식, *Op. Cit.*, p. 170.
093 전호진, *Op. Cit.*, p. 93.
094 *Ibid.*, p. 94.
095 *Ibid.*, p. 94.

였다는 사실이다. 당시 미국은 사회 복음주의의 영향과 제1차 세계대전의 피해가 적었으므로 낙관주의적 견해가 지배적이었다. 즉 하느님의 나라가 현 지상에 건설될 것을 믿지만 대륙신학은 대전의 영향으로 신국을 현재나 미래의 종말적 경험으로 생각했다.

그리하여 구라파 신학은 슈바이쳐와 바르트의 영향으로 기독교 내면성을 강조하게 되었고 미국은 실용주의 사상이 지배하였다.[096] 이것은 전통적인 전도의 관심을 약화하는 것이기도 하다. 그리하여 예루살렘 회의는 "회개의 신학"에서 "봉사의 신학"으로 대치됨으로 성서적인 선교에서 이탈을 선언한 것이라는 평을 듣기도 하였다.[097]

마지막으로 이 대회는 로잔 회의(1927)[098]의 "신앙과 직제" 연구회에서 채택된 것을 통과시키기도 했다. 그 요지는 다음과 같다.

"교회의 메시지는 항상 예수 그리스도의 복음이 되어야 하며 이 복음은 그리스도 안에서 죄인을 속량하시는 하느님이 주신 기쁜 선물이며 구원은 그리스도의 천국 선교와 회개의 촉구와 그의 수난과 부활과 승천의 그 전 생애를 통하여 또 성신의 역사를 통하여 예수 그리스도가 사회를 주시고 살아계신 하느님을 완전히 계시하시고 그의 사랑도 계시하셨다.

그는 우리에게 신생을 주시고 자기와 인류를 위한 봉사를 명령하신

---

[096] *Ibid.*, p. 94.
[097] *Ibid.*, p. 94.
[098] 1927년에 가진 노잔 회의는 신학적 및 교리적인 논쟁을 다루게 되었는데 각 교파의 전통적인 차이를 솔직히 인식하고 그것을 극복하려고 노력하였다. 이 회의는 주로 두가지 전제를 내걸고 토론되었다. (1) 지상의 그리스도의 교회는 본질적으로나 체제 상으로나 하나다 하는 것이다. 이것은 그리스도교의 통일성을 모색하는 전제이다. (2) 교회의 유일한 토대는 교회의 주이신 예수 그리스도이시다. 이것이 둘째 전제이다.

다. 복음은 철학적 이론이나 신학 체계 이상이며 또 물질생활의 개선책 이상이다.

복음은 이 죄 많은 낡은 세상에 하느님이 주신 새 세계며 그것은 죄와 사망에 대한 승리이며 영생의 계시이다. 복음은 또 사회적 혁신의 원동력이니 복음으로서만 사람의 계급과 인종과 증오에서 해방되어 국가적으로 국제적으로 복지와 친선을 얻는다."[099]

3) 마드라스(Madras) 회의(1938년)

이 회의는 동양에서 다 같이 전쟁의 위협이 몰리기 시작한 때에 모였다. 일본이 1931년에 만주에 침입하여 중국과 싸웠던 때이고 독일이 체코슬로바키아에 진주한 것은 1934년의 일이었다. 이 세계 대회는 당초 중국에서 모이려던 것이었으나 일본과 중국의 전쟁으로 마드라스에서 모인 것이다.[100]

이 대회의 특기할 만한 점은 소위 '젊은 교회'의 대표 수가 500명의 전 회원 중 거의 반수를 차지한 점이다. 이것은 피선교지 교회들의 성장과 지위 확립이 크게 증대하였다는 입증이기도 하다.

마드라스 회의의 중요한 주제는 교회와 신학이었다. 그중에서도 중심 주제는 '전진하는 기독교 공동체(on going Christian Community)'인 교회론이 크게 거론되었다. 이 회의는 대표들에게 교회는 선교 사업의 중심지임을 상기시켰다. 특히 피선교교회를 강화해 그들이 선교에 임하도록 하기 위한 관점에서 교회론이 강조되었다.[101] 그리고 신앙에 관한 토론에서 마드

---

[099] 이장식, *Op. Cit.*, p. 171.
[100] *Ibid.*, p. 171.
[101] 전호진, *Op. Cit.*, p. 95.

라스는 '자유주의에 반대하여 정통적인 전도론을 도입하였다.**102** 따라서 성서신학이 장조되었다. 그러나 바르트(K. Barth)와 브루너(E. Brunner)의 영향이 크게 작용한 것이라고 평하기도 한다.**103**

다음으로 마드라스 회의에서 크게 논란된 것은 타종교와 기독교의 관계에 관한 헨드릭 크레머(H. Kraemer)의 저서《The Christian Missage in a Non-Christian World》이다. 크레머의 신학의 기저인 계시(啓示)는 제종교(諸宗敎)와는 엄격히 구분된다. 이에 의하면 "종교는 인간이 신(神)을 생각하는 것이지만 계시는 하느님이 인간을 어떻게 보느냐에 대해 말한다."**104** 그리고 그리스도교가 한 종교로서는 타종교와 연속한다. 그러나 계시는 모든 종교의 가면을 벗긴다. 이것을 '연속적 불연속성'이라고 한다.**105**

크레머에 의하면 성서를 정직하게 보면 계시와 이성과의 대립은 존재하지 않는다는 것이다. 하느님이 창조해 주신 세게 속에서 이성은 그 자신의 타당한 지위를 갖는다. 그러므로 "계시냐 이성이냐" 하는 대립적 도식은 성서에 기초하지 않는 철학적 논리에 의해 구성된 지성의 추상적 산물이라 본다. 크레머는 역설하기를 누구도 신의 계시를 가정할 수 없기 때문이다.**106** 크레머의 사상은 선교와 신학이 결합 되었음을 의미한

---

102 *Ibid.*, p. 95.

103 *Ibid.*, p. 95.

104 H. Kreames, Religion and the christian Faith(1956), p. 139.

105 심일섭, "하느님의 선교신학과 한국의 교회문제", 신학사상, 제14집(서울: 한국신학연구소, 1976), p. 527.

106 H. Kreamer, The Christian Message in a Non-Christian World(New York: Harper, 1938), p. 122.

107 전호진, *Op. Cit.*, p. 96.

다.¹⁰⁷

끝으로 이 회의에서 타종교와의 대화를 논함과 아울러 비기독교 문화를 어떻게 처리하느냐의 문제인 토착화를 다루었다. 타종교와의 대화는 오늘날에 와서 기독교를 절대의 종교가 아니라 상대주의로 보게 하는 문을 열어준 셈이 된다는 평을 듣기도 한다.¹⁰⁸

이 회의 결과는 많은 복음주의자들에게 만족을 주기도 했지만 크게 실망한 나머지 I.M.C.를 떠나는 이유가 되기도 했다.¹⁰⁹

4) 휘트비(Whitby) 회의(1947년)

1947년 7월 비참한 파괴와 살생을 빚어낸 전쟁으로 정신적 피곤과 물질적 손해의 회복도 보기 전에 지친 심신을 갖고 에큐메니컬 운동 지도자들은 캐나다 몬타리오 호숫가에 자리 잡은 조용한 도시에서 모였다.¹¹⁰ 이 회의는 '격동하는 세계,' '구속의 말씀,' '복종하는 협동자'라는 주제로 토론하였다.¹¹¹ 휘트비 대회는 자립, 자치, 자력 전파의 소위 'Three Self Formula'를 강조하고 선교와 교회의 관계를 정립하였다. 과거 선교사가 피선교지 교회와 지도자의 지배자로 군림하던 것을 일소하고 동등한 자세에서 복종하는 협력자를 강조하였다. 그리고 전도는 총력전도(Total Evangelism)가 강조되었다.

여기서 뚜렷하게 강조된 것은 제1차 대전 후의 의식된 그리스도교의 초국가적 성격이었다. 즉, 그리스도인의 충성은 국가에 대한 충성 이상의

---

108 *Ibid.*, p. 96.
109 *Ibid.*, p. 96.
110 이장식, *Op. Cit.*, p. 177.
111 전호진, *Op. Cit.*, p. 97.

것임을 강조하였다.

이 회의에서 합의를 본 것은 '그리스도의 제자성'의 개념인데 그리스도의 제자는 이 세계에 대한 책임과 유대를 서로 가져야 한다는 것을 말하고, 하늘 시민이라는 것은 이 이상 우리 크리스천이 부당하게 우리 국가와 우리 자신을 동일시할 수 없으며 국가의 운명과 야망에 우리 자신을 일치시킬 수 없음을 지적하게 되었다.[112]

신학적인 면을 살피자면 2차 대전 이전 신정통주의 신학이 선교에 깊이 개입되었으나 전후 상황이 변하여져 자유주의가 다시 등장하였다.[113] 이 영향으로 선교 사상에도 세속화 신학이 침투하였다. 특별히 이 회의에 특기할 점은 성서와 계시를 분리하여 "하느님은 자신을 사상이나 명제로 계시하지 않고 역사, 사건, 인격 속에서 계시하신다."[114]고 주장함으로 성서 밖의 계시를 주장하고 있는 점이기도 하다. 특히 현대인에 대한 복음의 적응성(Relevancy)을 강조하였다.

5) 빌링겐(Willingen) 회의(1952년)

선교 역사상 가장 큰 시련과 수난의 시대가 곧 빌링겐 회의를 전후한 시기이다. 한국동란의 참상과 중국이 공산화됨으로 최대의 선교 단체인 중국 내지 선교부(China Inland Mission)의 선교사들이 눈물을 머금고 세계에서 가장 큰 선교의 밭을 철수해야만 했고, 따라서 이 선교부는 해외선교협회(Overseas Missionary Fellowship)로 간판을 바꿔야 했다.[115] 그야말로

---

[112] 이장식, *Op. Cit.*, p. 177.
[113] 전호진, *Op. Cit.*, p. 97.
[114] *Ibid.*, p. 98.
[115] *Ibid.*, p. 98.

우리 시대의 기독교 선교에 있어 가장 수난의 때였다.

한편, 1948년 제1회 W.C.C. 대회에서는 W.C.C.와 I.M.C.의 합병을 검토하기 시작했다. 이리하여 '교회의 선교 의무'라는 주제 토론에서 선교는 교회의 한 팔에 불과한 기능이 아니라 교회의 본질에 속하므로 결합하여야 한다고[116] 결정하였다. 즉 선교란 교회의 한 분파적인 기능이 아니라 전교회적인 본질과 기능에 속한 것이 라는 주장이다.

빌링겐에서의 토의는 "왜 선교하는가?"라는 문제에서 '선교에 대한 교회의 의무'에 대하여 일치된 견해를 갖지 못했으나 광범한 선교에 대한 신학적 전제를 생각하게 되었다. 그래서 이 회의는 진지성에서도 불구하고 일치된 견해에 도달할 수는 없었으나 선교 신학을 깊이 연구하는 것이 선결문제임을 깊이 자각하는 계기가 되었다.[117]

빌링겐 회의는 승리와 정복의 선교 대신 '십자가 아래의 선교'를 주장하였으나 잡다한 신학 사상으로 통일된 결론을 내지는 못하였다. 그러나 '십자가 아래서의 선교'라는 생각의 배후에는 종래의 교회 중심적인 문맥에서 논하던 선교에서 '하느님은 교회 밖의 세계에서도 이미 역사하고 계신다'는 새로운 선교 신학이 절실히 요청된다는 주장이다. 따라서 전도는 회개가 아니라 이미 얻어진 구원의 인정이라는 인상을 주기도 한다.[118] 이 회의는 또 '하느님의 부성,' '인간의 형제애'라는 말을 사용함으로 선교를 위한 삼위일체의 신학을 강조하고 하느님을 선교의 근원으로 간주하였다.

---

[116] Ibid., p. 98.
[117] G.H. Anderson, Op. Cit., pp. 5-6.
[118] 전호진, Op. Cit., p. 98.
[119] Ibid., p. 98.

여기에서 소위 '하느님의 선교'(Missio Dei)가 나타났다.[119] 그리하여 '하느님의 선교' 즉 "Missio Dei"란 말을 세계교회가 공적으로 처음 사용한 계기가 된 것이 1953년 빌링겐 회의(Willingen Conference)부터다.[120] 그러나 '하느님의 선교'(Missio Dei) 사상은 빌링겐 회의에서 하루아침에 도출된 것은 아니다. 앞에서 살펴온 대로 "Missio Dei"의 사상적 경향은 정확히 1910년 에든버러 회의 이후 서서히 진행되어 왔다고 보아야 한다.

즉 에든버러 회의[121]에서는 개인주의적 경건주의가 신랄한 비판을 받으면서 선교가 개인의 책임이 아니라, 온 교회의 책임임을 강조하며 선교 전략(How Mission)에 관심을 가져왔는가 하면 예루살렘 회의[122]에서는 이미 19세기의 경건주의의 복음을 포기하며 사회적 관심(Social Concern)을 전면에 내세우고 있다. 특별히 이 예루살렘 회의는 "그리스도의 복음은 개인의 영혼만을 위한 메시지가 아니라 개인이 살고 있는 사회조직과 경제관계의 세계를 위한 메시지도 포함한다"고 함으로 개인의 중생과 사회의 중생의 통합을 부르짖고 있다.

그리고 1938년의 마드라스 회의[123]는 타 종교와의 대화 및 토착화의 문제를 다루므로 오늘날에 와서 기독교를 상대주의로 보게 하는 길을 트게 했으며 휘트비 회의[124]에서는 선교 사상에도 세속화 신학이 침투되기

---

120 빌링겐 대회에서 역할한 인물로는 호켄다이크(Hockendijk) 프라이티크(Freytag), 와렌(Warren) 등이며 화란과 북미 연구 위원회가 중요한 역할을 하였다. 그 중에서 당시 W. C. C.선교부 간사로 재직중이던 호켄다이크가 주도적 역할을 하였다. 그는 교회 중심의 선교를 실랄히 비판하여 교회중심의 사상은 교회 부패의 징조라고 하면서 선교의 목적은 세상의 평화(Shalon)를 건설하는 것이라고 했다.
121 본 논문 제3장 1절 1의 1을 참조.
122 본 논문 제3장 1절 1의 2를 참조.
123 본 논문 제3장 1절 1의 3을 참조.
124 본 논문 제3장 1절 1의 4를 참조.

시작했으며 특별히 이 회의에서는 성서와 계시를 분리하여 "하느님은 자신을 사상이나 명제로 계시하지 않고, 역사, 사건, 인격 속에서 계시한다"고 선언함으로 성서 밖의 계시를 주장하며 특히 현대인에 대한 복음의 적응성(Relevancy)을 강조하고 있다.

이상과 같은 선교의 사상적 순례는 1952년 빌링겐 회의에서 그 집약적인 개념으로서 '하느님의 선교'(Missio Dei)라는 사상을 대두시킴으로 선교신학의 새로운 이정표를 설정했다.[125]

국제선교회(IMC)는 이 빌링겐 대회로부터 선교의 종말론적 성격, 세상에 대한 교회의 소명, 선교와 신학의 통합을 강조하며 특별히 선교신학은 종래의 교회가 선교회를 세우고 선교사를 파송하며 모금하는 교회의 선교보다 삼위일체 하느님의 선교 즉 세상에 일하시는 구속의 선교에 교회가 참여하는 것이 선교라고 정의했다.[126] 이런 점에서 빌링겐 선교대회는 에큐메니컬 선교의 시작이기도 하다.

그리하여 이 '하느님의 선교'(Missio Dei)라는 신학적 개념은 이후의 에큐메니컬 운동과 신학에 지대한 영향을 주고 있다.

6) "하느님의 선교" 이후의 동향

'하느님의 선교'는 이론적으로는 1950년대 이후에 발전된 것이나 이것의 구체적인 영향은 1961년 뉴델리 대회에서부터이다. 국제선교회가 W.C.C.에 흡수된 후에 모인 뉴델리 대회는 하느님의 선교에 기초한 새로

---

[125] 'Missio Dei'라는 용어를 처음으로 사용한 학자는 독일의 신학자 할텐스타인(Hartenstein)이며, 빌링겐대회는 이 용어를 정식으로 채택했다.
[126] 전호진, '하느님의 선교와 교회의 선교', 성경과 신학 제2권(서울: 한국복음주의신학회, 1984), p. 227.

운 선교신학을 본격적으로 체계화하고 실천에 옮기기 시작했다.[127] "예수 그리스도는 세상에 빛"이란 표어로 모인 이 대회는 교회의 사회적 활동을 선교로 간주하였으며 그 신학적 배경으로는 하느님께서 이스라엘 구원의 역사에 활동하신 것 같이 현 역사에도 활동하시는 데 그 활동은 구원을 위한 종교적 활동보다도 정치, 경제, 사회 영역에서 사회 정의를 위한 투쟁이 곧 선교로 간주하였다.[128] 즉 뉴델리 대회는 사회 정의를 위한 투쟁에 참여하는 것이 구원의 참모습이라고 정의함으로 구원관에 있어서 해방사상을 도입하고 있다.[129]

뉴델리 대회 이후 1963년 멕시코에서 모인 선교 대회는 '하느님의 선교'에 근거하여 선교지와 피선교지의 구분을 철폐하고 육대주가 다 선교지라는 뜻에서 "육대주의 증거"를 주제로 삼았다.[130]

멕시코 대회는 교회에서 일하시는 하느님과 교회와 독립하여 세상에서 일하시는 하느님 문제로 논쟁이 되기도 했다. 즉 인간 생명의 회복과 화목이 세속 기관을 통하여 달성된다면 신앙의 영역으로서 교회의 위치와 중요성은 어떻게 되며 또 교회가 지나치게 세상 문제에 개입한다면 교회와 세상과 분리되는 본질은 어떻게 되는지 하는 문제 등으로 고심했다. 그러나 멕시코 대회는 뉴델리 대회가 취급한 '하느님의 선교'를 더 구체화하여 선교를 사회 정의를 위한 투쟁으로 정의하고 세상에서 평신도의 역활을 중요시하였다.[131]

---

[127] *Ibid.*, p. 229.
[128] *Ibid*
[129] 전호진, "에큐메니칼 운동과 선교론 비판"(서울: 정음출판사, 1983), pp. 100-101.
[130] 전호진, *Op. Cit.*, p. 230.
[131] *Ibid.*

이러한 하느님의 선교를 효과적으로 수행하기 위하여 교회 구조와 선교 구조의 근본적 변화를 촉구하기 시작했다. 여기서 교회 구조와 선교 구조의 '갱신'이란 곧 선교란 더 이상 복음을 듣지 못한 아프리카와 아시아에 선교사를 파송하는 것이 아니라 정치, 경제, 사회 영역이 선교지이며, 육대주 어느 곳이든지 교회의 이웃은 다 선교지라는 뜻이다. 그리하여 멕시코 대회는 "교회의 이웃에서 회중의 증거"를 진지하게 다루었다.[132]

한편 뉴델리 대회가 하느님의 선교를 위하여 교회의 '선교적 구조'를 더 연구하도록 위임받은 전도 분과위원회는 북미 교회와 서구 교회를 통해 하느님의 선교에 근거하여 교회의 선교적 구조를 주로 토론하기 위하여 연구 모임을 주관했다. 이 모임은 1968년 웁살라 W.C.C. 총회에서 보고하기 위하여 보고서를 작성하였다. 즉, '타자를 위한 교회'(The Church for Others)라는 제목으로 작성된 첫 보고서의 서문은 "선교적인 교회는 교회 자체에 관심을 두는 교회가 아닌 남을 위한 교회이어야 한다"[133]고 밝히고 있다. 즉 교회는 세상을 위하여 존재할 때만이 교회의 존재 가치가 있음을 시사하는 것이다. 이와 같은 신앙은 1966년 제네바 '교회와 사회' 대회를 거쳐 웁살라에서 가진 W.C.C. 총회에 반영되었다. '내가 만물을 새롭게 하노라'는 주제로 모인 웁살라 총회(1968)에서 가진 토의 제목은 (1) 축소된 세계 안에 있는 교회, (2) 교회와 선교, (3) 사회 경제발전 속에 교회가 맡는 역할, (4) 국제 문제에 있어서 교회의 역할, (5) 세속시대 안에

---

[132] Ibid.
[133] 세계교회협의회 편, <u>세계를 위한 교회</u>, 박근원 역(서울: 대한기독교출판사, 1979), p. 13.
[134] 이장식, Op. Cit., p. 182.

서의 예배의 문제, (6) 새로운 생활의 스타일 등이었다.[134]

이러한 문제들에 대한 제 토의는 오늘의 급변하는 세계에서 일어나는 여러 가지 새로운 도전을 교회가 받아서 사회적 책임을 완수하려는 시도이기도 하다.

이 대회를 선교 면에서 평가한다면 세 가지 점으로 요약될 수 있다.

첫째, 인간화(Humanization)로 간주할 수 있다. 이 대회는 선교에 관한 보고서 Section 2-2에 '새 인간'(New Humanity)을 정의하면서 새 인간성이 곧 선교의 목적이라 했다.

둘째, 하느님의 선교란 마태복음 28장 19절의 대사명이 아니라 '세상에 역사하시는 하느님의 활동에 참여하는 것'이라고 했다. 이것은 과거 선교의 사도적 개념 즉 하느님의 말씀을 전하기 위하여 보냄을 받았다는 개념이 봉사적 개념으로 바뀐 것이다.

셋째로, 하느님의 선교 개념은 세계와 역사에 대해 새 해석을 하게 함으로 타 종교에 대해서 적극적인 자세를 취하게 되어 대화를 더욱 발전시킨 점 등이다.[135]

이렇게 '하느님의 선교'는 60년대의 세속화와 인간화를 거쳐 70년대에 해방화로 발전해 갔다. 한국 교회에서 일어났던 70년대의 민권운동과 민중신학도 결국 '하느님의 선교'와 그 맥락을 같이한 근거에서 이해되어야 할 것이다.

그러나 한편 "Missio Dei"에 대하여 의혹과 비판적인 입장에서는 이 "Missio Dei"가 교회를 통한 구원인지 분명히 밝히지 않는 점에 약점이 있다[136]고 한다. 또한 빌링겐의 삼위일체 사상은 하느님의 사랑은 강조하였

---

135 전호진, "에큐메니칼 운동과 선교론 비판", 한국 교회와 선교, 전호진 편(서울: 정음출판사, 1983), pp. 101-103.

으나 공의와 거룩을 강조하지 않았고, 휘트비 회의가 성서 밖에서 하느님의 계시를 찾으려고 한 것 같이 빌링겐 회의는 교회 밖에서 하느님의 역사를 찾는 탈교회화(脫敎會化)의 일보를 내디디었다는 평을 듣기도 했다.[137] 그런데도 이 '하느님의 선교'(Missio Dei)라는 신학적 개념은 이후에 전개되는 에큐메니컬 운동과 신학에 지대한 영향을 주고 있다.

지금까지 살펴온 바와 같이 1910년 에든버러 회의 이후 오늘에 이르기까지 W.C.C.를 중심으로 한 선교신학의 흐름의 특징은 19세기 선교와는 달리 점차로 복음의 사회성을 강조하며 개인 구원보다 사회 구원에 더 역점을 두는 경향과 크리스천의 현존성과 역사성의 강조가 점점 고저되어 온 것을 볼 수 있다.

2. "Missio Dei" 신학과 그 특성

제럴드 H. 앤더슨(Gerald H. Anderson)은 그가 편집한《The Theology of the Christian Mission》(1961)의 머리글에 쓴 〈20세기 프로테스탄트 교회의 선교신학〉이라는 글에서 20세기에 들어 오늘에 이르기까지의 선교신학의 발전 경향과 그 요인을 개관하면서 다음과 같이 결론을 맺고 있다.

"20세기에서 선교신학의 전개에 따라 확인할 수 있는 경향은 그 방향이 철저한 삼위일체 신론적인 시야 속에서 하느님 중심적인 입장으로 향

---

[136] 전호진, *Op. Cit.*, p. 98.(Norvald Yri, An Investigation of the Quest for Authority Within the Ecumenical Movement 1910-1974 and the Evangelical Response, p. 143).

[137] *Ibid.*, pp. 98-99.

하고 있다는 것이다.

선교에 있어서 오늘날 혼란의 중요 원인은 근년에 있었던 선교신학을 형성하려는 갖가지 시도가 부적당하였다는 데서 초래하고 있다. 문화 중심적, 인간 중심적, 성서 중심적, 교회 중심적, 그리스도 중심적 등등의 관점으로부터 시도되어 왔다.

이들 모든 시도는 본질적인 기독교의 교리의 갖가지 측면을 강조했는데 그 어느 하나가 선교신학의 초점 내지는 방향으로 삼아지면 그것은 부정당하다는 것을 알게 된다. 왜냐하면 그것은 선교의 범위를 좁히고 미로로 몰아넣는 영향이 있기 때문이다.

이제 선교신학은 철저한 하느님 중심적인 입장에서 수행한다는 시도가 있어야 하겠다. 그것이 실현될 때 이 접근 방식은 오늘 선교의 노력에 새로운 꽃을 피우기 위해 씨를 뿌리는 것이 될 것이다."[138]

제럴드 H. 앤더슨(G. H. Anderson)은 주(註)란에서 이상과 같은 방면에서 하나의 큰 공헌은 Georg F. Vicedom의 Missio Dei : Einfuhrung in eine Theologie der Mission이라고 지적한다. 물론 "Missio Dei"란 개념은 어느 한 신학자에 의하여 창안된 개념이라기보다는 20세기 에큐메니컬 운동의 과정에서 발굴된 개념으로서 선교신학적 사고의 전환을 가져온 W.C.C.를 중심으로 한 신학 사상의 핵심이기도 하다.[139]

빌링겐회의 이후 "Missio Dei" 개념을 성서적인 입장에서 이론적으

---

[138] Gerald H. Anderson, "The Theology of Mission among Protestants in the Twentieth Century" The Theology of the Christian Mission (New York: Mcgraw-Hill Co. Inc. 1961), pp. 15-16.
[139] 주재용, "하느님의 선교와 한국 교회", 한국 교회 100년과 그 좌표(서울: 한신대학출판부, 1981), pp. 107-109.

로 체계화한 신학자는 Georg F. Vicedom이다. 그러므로 여기서는 주로 Vicedom의 "Missio Dei"에 나타난 내용을 살핌으로 그 성격 이해에 접근하고자 한다.

1952년 빌링겐회의(Willingen Meeting)**140**에서는 "Missio Dei" 개념을 다음과 같이 채택하고 있다.

"선교란 단순히 주님의 말씀을 향해 복종하는 것만을 뜻하지 않는다. 그것은 또한 공동체(Gemeinde)의 회집에 대한 의무만을 뜻하는 것이 아니다. 선교란 구원받는 전 피조물 위에 그리스도의 주권을 세우려는 포괄적인 목표를 가지고 이들을 보내심 곧 하느님의 선교에 참여하는 것이다. 우리가 그 한 지체로서 참여하게 되는 선교 운동의 원천은 삼위일체 하느님 자신 안에 있다."**141**

따라서 '하느님의 선교'(Missio Dei)는 인간의 구원을 위하여 하느님께서 계획하고 계신 모든 것 하느님의 구속의 나라가 완전히 성취되는 일을 하느님께서 보내신 사람을 통하여 사람들에게 주어서 사람들이 죄와 세상 나라로부터 해방되어 다시 하느님과 사귈 수 있도록 하시는 하느님의 사역(事役)이다.**142**

즉 선교는 하느님께 속한 일이며 하느님이 선교의 주체일 뿐 아니라

---

140 제5차 국제선교 총회가 1952년 7월 Willingen에서 개최되었다. 이 모임 보고서는 Norman Goodall에 의해 Mission under the cross라는 제목으로 편집 출판되다.
141 Georg F. Vicedom, <u>Missio Dei</u>, 박근원 역(서울: 대한기독교서회, 1980), p.16.
142 *Ibid.*, p. 67.
143 *Ibid.*, p. 16.

하느님 자신의 활동이 된다는 것이다.¹⁴³ 그러므로 세상에 대한 '하느님의 선교'에 참여함이 없이 그리스도의 사역에 참여할 수 없다는 논리이다.

따라서 "Missio Dei"의 개념은 우선 선교가 하느님께 속한 활동임을 확실히 이해하는 데서 출발한다. 그리고 선교가 하느님의 활동이며 주역(das handelnde Subjckt)¹⁴⁴이 된다는 것은 선교가 모든 인간적 자의(恣意-Willkur)로부터 면하게 되는 이유이기도 하다.¹⁴⁵

특별히 Vicedom이 여기서 강조하는 것은 선교와 선교하는 교회는 하느님 자신의 일(work)이며 동시에 하느님의 사랑 의지 안에 그 기원을 두고 있기 때문에 선교와 교회는 서로 독립적인 것이 아니라는 주장이다.¹⁴⁶

이상과 같은 견해는 선교에 대한 봉사가 교회에 대한 봉사의 파생으로 이해하려는 선교론을 극복하고 선교에 대한 모든 봉사가 단 한 가지 의미와 목적을 가지고 있는데 그것은 교회에 대한 모든 봉사가 오로지 선교에 이바지하는 것이라는 점을 강조하는 것이다.¹⁴⁷

따라서 교회는 하느님에 의해 사용될 수 있을 때만 하느님의 그릇과 도구가 될 수 있다. 그러나 만약 교회가 하느님의 이 관심사를 거절할 때 교회는 불복종하게 될 것이고 하느님의 뜻에 합당한 교회가 될 수 없다. 여기서 교회는 선교의 의무를 수행하느냐, 않느냐 하는 문제를 결정할 수 없고 다만 교회가 교회이기를 원하느냐, 원치 않느냐를 결정할 수 있을

---

144 *Ibid.*, p. 16.
145 *Ibid.*, p. 16.
146 *Ibid.*, p. 16.
147 *Ibid.*, p. 15.

따름이다. 즉 교회는 하느님이 이미 행하셨고 지금도 하고 계시는 일을 따라 성취할 수 있을 뿐이다.

이렇게 선교는 철저히 하느님 자신의 행위 속에 근거하고 있다[148]는 것이다.

따라서 하느님의 계시는 선교가 의지하고 서야 할 궁극적인 근원이요,[149] 하느님 자신이 선교의 주체가 된다고 하는 신관(神觀)은 선교에 대한 성서적 근거의 생명적 부분이 되기도 한다.[150]

하느님은 그의 활동을 통하여 자기 자신을 계시해 주시는데 이 모든 계시는 인류를 구원하시려는 의도에서 일어난다. 그러므로 선교란 구원의 사실을 공포함으로써 하느님의 구원하시는 그 활동을 계속하는 일 외에 아무것도 아니다. 즉 선교란 하느님의 구원 행위를 선포함으로써 하느님의 구원 활동을 지속해 나가는 것 바로 그것이다.[151] 따라서 선교의 최상의 신비는 하느님이 그의 아들을 보내시고 아버지와 아들은 성령을 보내신다는 사실이며, 이로 말미암아 선교는 살고 또 자란다. 이렇게 함으로 하느님은 그 자신을 보냄 받은 자로 만드실 뿐 아니라 동시에 보냄의 내용도 되신다는 것이다.

이상과 같은 논리는 요한복음 속에 더 뚜렷이 나타나 있음을 볼 수 있다.

"태초에 '말씀'이 계셨다. 그 '말씀'은 하느님과 함께 계셨다. 그 '말씀'

---

[148] Ibid., p. 17.

[149] Donald G. Miller, Pauline Motives for the Christian Mission, The Theology of the Christian Mission, ed. Gerald H. Anderson(New York: McGraw-Hill Book Company, 1961), p. 73.

[150] C. Ernest Wright, "The Old Testmant Basis for the Christian Mission", Ibid.

[151] G. F. Vicedom, Op. Cit., p. 20.

은 하느님이셨다. 그는 태초에 하느님과 함께 계셨다."(요 1:1-2)

"그 말씀은 육신이 되어 우리 가운데 사셨다. 우리는 그의 영광을 보았다. 그것은 아버지께서 주신, 외아들의 영광이었다. 그는 은혜와 진리가 충만하였다."(요 1:14)

"하느님께서 세상을 이처럼 사랑하셔서 외아들을 주셨으니, 이는 그를 믿는 사람마다 멸망하지 않고 영생을 얻게 하려는 것이다. 하느님께서 아들을 세상에 보내신 것은, 세상을 심판하시려는 것이 아니라, 아들을 통하여 세상을 구원하시려는 것이다."(요 3:16-17)

이상과 같은 성서 구절을 종합해 보면 태초부터 계시었던 말씀 곧 하느님이 육신이 되어 세상에 오셨으니 그 분이 바로 예수 그리스도이시다.

여기서 보내는 자는 하느님이시며 보내심을 받은 자는 예수 그리스도(말씀)이고, 보냄을 받은 대상은 하느님께서 사랑하시는 세계임을 보여 준다.

여기서 예수 그리스도는 전적으로 세상을 위한 존재(Being for World)이며 전적으로 타자(이웃)를 위한 존재(Being for Others)임을 알 수 있다. 따라서 예수 그리스도가 가지고 있는 선교적 임무는 삼위일체 하느님 안에서 이루어지는 세계 구원으로 이해될 수 있다.

요한복음에는 예수 그리스도야말로 아버지로부터 보내심을 받은 분이신 사실이 여러 번 강조 되고 있다. 주님은 부활하신 후에 제자들에게 나타나서 "아버지께서 나를 보내신 것 같이 나도 너희를 보내노라"(요 20:21)고 말씀하셨다. 여기서 주님은 선교 사역이란 근본적으로 주님 자신의 사역임을 시사한다.

특별히 "말씀이 육신이 된" 예수 그리스도의 성육신 사건은 하느님 선교 의지의 가장 구체적이고 확실한 표현이기도 하다.[152]

그리고 이러한 하느님의 구원 활동은 세상에 대한 하느님의 관계이며 인간과 함께하시는 그의 행위(Handeln)인 바, 성서에서는 이것이 보내심(sending)이라는 개념으로 기술되어 있다. 여기서 Vicedom은 Gerhard kittel의 Theologisches Worterbuck Zum Neuen Testmented를 인용하며 하느님의 선교는 하느님의 창조와 활동을 나타내는 총괄 개념이며 그렇기 때문에 전체의 구원사(Heilsgeschichte)[153]는 하느님의 선교 역사로서 서술되어 있다[154]고 말한다.

하느님은 언제나 이 보내심 안에 현존하시며 보내심이란 심판과 은총 안에서 하느님의 활동적인 현재를 나타내는 표현이다.

이상과 같은 선교론을 호켄다이크는 다음과 같이 집약하고 있다. 즉 "선교란 교회의 선교가 아니라 하느님에게 속한 것인데 '하느님의 선교'는 전체 역사 속에서 되어지는 것이다. 곧 하느님께서는 교회 안팎에서 온 세상을 주관하시고 역사의 사건을 통하여 세상을 주관해 가신다."[155] 는 것이다. 그러므로 하느님의 선교에 참여한다는 것은 역사 속에 현존하시는 하느님과 함께 일한다는 뜻이다. 따라서 그리스도를 통해 알게 되는 하느님에 대한 우리의 지식이 우리로 하여금 하느님이 세상과 역사과정의 한복판에서 자신의 목적을 수행하시고 있음을 확신케 하신다.

그러므로 기독교인들은 역사에서의 변화를 "하느님의 선교"의 관점에

---

[152] 박근원, "오늘의 선교론-그 신학과 방법", 한국 역사 속의 기독교, K.N.C.C. 에큐메니컬문고 씨리즈, 제6권(서울: 한국기독교협의회, 1978), p. 382.

[153] 구원사(Heilsgeschichte)란 모든 세속적인 역사관에 대립하는 것으로서 하느님이 그의 구원의 계획을 세우시고, 모든 역사의 사건들 속에서 일하고 계시다는 뜻이다.

[154] Georg. F. Vicedom, *Op. Cit.*, p. 20

[155] 박근원, "1960년대 이후의 선교 신학"《선교 신학서설》, G. H. Anderson 편집, 박근원(역)(서울: 기독교서회, 1980), p. 357.

서 이해하며 또한 하느님의 약속을 신뢰함으로써 실제 역사 속에서 자신을 내던지는 것을 모험하며 세상을 향한 새로운 형태의 책임을 감당하도록 준비를 갖추는 것이다.[156] 그러기에 "하느님의 선교" 신학은 세계를 절망과 소망이 엇갈려 있는 것으로 보면서도 하느님의 선교 일터가 되는 것으로 이해한다.[157]

즉 지금까지 살펴온 "Missio Dei" 신학의 특성을 다음과 같이 요약할 수 있을 것이다. "선교란 하느님의 말씀에 단순히 복종하는 것만을 뜻하지 않고, 그것은 또 교회의 모임에 참여하는 것만도 아니다."[158] "하느님의 선교는 전체 역사 속에서 되어지고 있으며 하느님께서는 교회의 안팎에서 온 세상을 주관하시고 역사의 사건을 통해서 세상을 주관해 가신다."는 주장이다.[159]

전호진 교수는 그가 쓴 〈도시산업 선교 비판〉이라는 논문에서 "Missio Dei" 개념을 평하기를 이는 분명히 전통적인 성서의 선교 사상인 직접 전도보다는 세상을 향한 신자의 사명 전체를 선교로 간주한 것이라고 한다.[160]

따라서 "세상을 향한 그리스도의 선교에 참여함이 없이는 그리스도에의 참여란 없다"라는 사상은 결과적으로 만인 구원설을 주장함으로 하느님의 구원 역사를 교회 안에만 국한하지 않았다고 평[161]하고 있다.

---

[156] Th. Wieser(1966), <u>The Test of the Tradition in Planning for Mission</u>(New York and London), pp. 61-62.
[157] 은준관, 『교육 신학』(서울: 대한기독교서회, 1976), p. 362.
[158] 전호진, 『한국교회와 선교』, p. 83.
[159] 박근원, 『오늘의 선교』(전망사, 1983), p. 147.
[160] 전호진, Op. Cit., p. 83.

분명히 "하느님의 선교" 개념은 전통 교회의 선교 개념과는 몇 가지 점에서 아주 다른 입장을 취하고 있음을 지적할 수 있다.

첫째로, "하느님의 선교" 신학의 입장은 삼위일체 하느님을 강조함으로 교회의 선교와는 대치되는 입장이다.[162] 왜냐하면 구원이란 오늘의 사회적인 도전과 역사적인 여건을 떠나서 생각할 수 없다는 입장이기 때문이다.[163] 이는 곧 그리스도의 복음이 개인의 영혼만을 위한 것이 아니라 개인이 살고 있는 사회조직과 세계를 포함한다고 주장함으로 개인의 중생과 사회 중생의 통합을 강조한 예루살렘 회의 이후의 일관된 주장이기도 하다.[164]

Vicedom은 교회의 선교란 있을 수 없으며 하느님의 선교만이 있을 뿐이라고 주장하며 호킨다이크는 교회 중심의 선교는 교회 부패의 상징이라 한다.

호켄다이크에 의하면 구원은 마침내 세상 역사 자체 안에 나타나는 '샬롬'(Shalom)이라고 한다. 이 '샬롬'은 하느님과의 화해에 기초를 둔 인간과 하느님 사이의 새로운 관계성을 뜻한다. '샬롬'은 하느님이 주신 완전한 성숙 안에서의 인간 생활의 모든 측면 즉 의로움과 진리와 사귐 그리고 평화 등을 지칭하는 것이며[165] 완전히 회복되고 완치를 받은 인간 상태를 의미한다. 따라서 이 '샬롬'은 우리가 사유화하거나 가지고 즐길 수 있는 성질의 것이 아니고 하느님과 또 이웃과의 관계에서 발견되고 성취

---

161 Ibid., p. 83.
162 전호진, '하느님의 선교와 교회의 선교', 성경과 신학 제2권, p. 232.
163 박근원, Op. Cit., p. 147.
164 본 논문 제3장 1절 2를 참조.
165 박근원, Op. Cit., p. 147.

되는 것이다. 이 '샬롬'이 구원이요 이 '샬롬'을 가져오게 하는 것이 곧 선교이다.¹⁶⁶

그러므로 "하느님의 선교"의 특징적인 입장은 교회의 선교적인 사명도 이 '샬롬'을 위한 활동으로 이해하는 점이다.

특별히 빌링겐대회는 세상에 대한 하느님의 완전과 그리스도의 주권에 대해 다음과 같이 언급하고 있다.

"교회는 사람들이 사는 세상의 모든 분야로 파송을 받았다. 너무 먼 곳도 가까운 곳도 없다. 모든 신자 그룹은 바로 이웃에 있는 사람들에게 하느님의 전권대사로 파송되었다. 그러나 그 책임은 이웃에게만 국한되지 않는다. 왜냐하면 그리스도는 왕의 왕이요 세상의 구주이시기 때문에 모든 신자 그룹은 세상 끝까지 그의 왕권을 선포할 책임이 있다."¹⁶⁷

빌링겐의 이 파송 개념은 신자들을 정치, 사회, 경제 등의 제 분야에 파송되었음을 밝히고 있다. 즉 그리스도의 주권성은 신자들에게 영적 진리를 위한 강조보다 사회정의를 위한 투쟁을 고취하고 있다.¹⁶⁸

둘째로, 전통적인 선교개념은 세상에 대한 교회의 사명보다 교회의 본질을 더 중시하며 교회의 정통성과 교회의 순수성에 더 역점을 두는 것¹⁶⁹이 상식이기도 하다.

그러나 하느님의 선교 개념이 전통적인 선교 개념과 구별되는 점은

---

166 *Ibid.*, p. 148.
167 Norman Goodall, ed. Mission Under the Cross(London: Edinburgh House Press, 1953), p. 190.
168 전호진, *Op. Cit.*, p. 234.

교회가 선교의 도구가 된다는 사실이다.[170] 이와 같은 생각은 교회의 본질보다 사명에 더 중점을 둠으로 교회론의 관심도 정적인 교회관에서 세상을 향하여 능동적이고 개방적이고 동적인 교회관에 치중한다는 것이다.[171] 이는 곧 지금까지 선교를 교회의 도구로 생각해 온 재래적인 선교 이해와 교회관을 뒤집어 놓은 것이기도 하다.[172] 즉 제도화한 교회가 그 제도와 그 제도의 확장을 지나치게 절대화한 나머지 하느님에게만 속한 복음과 그 선교를 배타적으로 교회 자체를 위한 수단으로 되어 버릴 때 그것은 하느님의 뜻에도 맞지 않고 교회 본연의 사명에도 위배된다[173]는 것이다. 그래서 교회 중심의 선교신학을 하느님 중심의 선교신학으로 대치한 것이 곧 '하느님의 선교'이다. 여기서 교회의 선교란 곧 '하느님의 선교'에 참여하는 것이다. 즉 원천적인 선교는 하느님께서 세상에서 하고 계시므로 교회는 이 선교를 위한 도구가 되어야 한다는 것이다.[174] 그러므로 교회의 기능은 '하느님의 선교'에 참여함으로써 세상적인 사건에 변화를 불러오게 하는 일이다. 즉 '하느님의 선교' 개념의 차원에서의 교회는 이런 일을 성취하지 못할 때 교회는 아무 쓸모 없는 도구가 된다는 것이다.

이와 같은 "하느님의 선교" 신학의 성격과 그 특징적인 요소는 오늘날 복음주의 선교신학을 대변하는 풀러신학교의 맥가브란 교수의 입장과는

---

[169] 전호진, "현대 교회론과 선교사상", 한국 교회와 선교(서울: 정음출판사, 1983), p. 129.

[170] Vicedom, Op. Cit., p. 15.

[171] 전호진, Op. Cit., p. 129.

[172] 박근원, Op. Cit., p. 148.

[173] Ibid., p. 148.

[174] Ibid., p. 148.

퍽 대조적이기도 하다.[175]

그리고 "하느님의 선교" 신학적 입장에서의 '교회의 구조', 이해에 있어서도 전통적인 '교회의 구조' 이해와 비교할 때 퍽 대조적인 특징을 보여주고 있다. 즉 "하느님의 선교"적 입장에서의 교회에 대한 공통적 주장은 "교회가 자체의 유지를 위해서 존재하는 것이 아니고 선교를 위해서 존재하기 때문에 교회의 체질 자체가 달라져야 한다"는 견해이다.[176] 물론 교회에 대한 이러한 견해는 역시 선교의 중요하고도 대치할 수 없는 목적이 무엇보다도 교회 성장, 즉 교회를 세우고 교회 확장이라는 전제를 강력하게 주장하는 입장과는 아주 대조적이기도 하다.[177]

맥가브란과 그의 동료 교수들은 교회 성장이란 원대한 목적을 성취하기 위하여 철저한 과학적 통계와 서술, 그리고 실용주의적인 방법을 도입해야 한다고 주장한다.[178] 즉 선교의 모든 우선권을 교회 성장과 교회 확장에 집중해야 한다는 견해이다.

그러나 호켄다이크는 주장하기를 사실상 "복음을 전한다"라는 말은 솔직하게 표현하자면 교회의 영향력을 다시금 획득하려는 사실을 성서적으로 위장하는 경우가 많다는 것이다. 여기서 통계에 대한 지나친 존중

---

[175] 맥가브란은 호겐다이크와의 논쟁에서 "기독교 선교의 주요 목적은 예수 그리스도를 신이시며 유일한 구주로 전파하며 사람들을 예수의 제자가 되게 하고 그의 교회의 책임적인 회원이 되도록 설득하는 것이라 천명하고 있다. 그에게 선교의 3대 요소는 복음의 구두적 선포와 신자가 되도록 설득하는 것과 교회의 책임적 신자가 되는 것이다. 맥가브란은 이 점에서 선교와 전도를 구분하지 않고 교회 성장을 선교로 정의하고 있다."(Donald McGavran, "Essential Evangelism" The Conciliar Evangelical Debate: Crutial Documents 1964-1976(McGavran edit.), p. 56.

[176] 박근원, Op. Cit., p. 149.

[177] Donald A. McGavran, Understanding Church Growth, 고원용 역, p. 32.

[178] Ibid., p. 49.

과 더 많은 생활 영역에 진출하려는 교회의 과열된 욕망이 나타나는 것이라고 지적한다.[179] 이러한 단적인 지적만으로도 전통적인 선교신학의 입장과 "하느님의 선교" 신학의 견해차를 엿볼 수 있다. 그러면 무엇이 어떻게 다른지를 "하느님의 선교"적 견해를 조금 더 구체적으로 지적해 보기로 한다.

즉 교회가 선교한다는 것은 세상에서 일하시는 "하느님의 선교"에 참여하는 것이기에 교회와 세상과의 관계가 새로워져야 한다는 것이다.[180] 하느님의 선교에 참여한다는 것은 인류 역사 안에서 하느님의 동역자가 된다는 것을 의미한다. 그러므로 교회가 세상을 지배하는 위치에 있는 것이 아니고 오히려 세상을 섬기는 역할을 감당해야 한다는 것이다. 이 점에서 전통적인 수직적 교회 구조를 뒤바꿔 놓는 이해이기도 하다.[181]

일반적으로 하느님은 교회를 통해서 세상에 관계된다고 믿어 왔다. 즉 "하느님-교회-세상"이라는 도식이다. 그러나 하느님의 선교의 입장에서 보면 교회와 세상의 수직적 위치가 뒤바뀌어야 한다는 것이다. 이 수직 구조의 전도가 의미하는 바는 하느님은 우선하여 세상과 관계를 맺으시고 세상이 그의 계획의 초점이 된다는 것이다.[182] 즉 "하느님-세상-교회"라는 도식으로 바꾸어져야 한다.

호킨다이크는 이러한 입장을 좀 더 강하게 말하기를 "우리의 하느님은 바알(Baal)처럼 세상의 일부분에만 국한되어 있어서 그 곳에서 벗어날

---

[179] J.C. Hoekendijk, The Church Inside Out, 이계준 역(서울: 기독교서회, 1982), p. 10.
[180] 박근원, Op. Cit., p. 149.
[181] Ibid., p. 150.
[182] J.C. Hoekendijk, The Church Inside Out, 이계준 역(서울: 기독교서회, 1982), p. 76.

수 없고 또 그의 영역 밖에 존재할 수도 없으며 그의 영역 밖의 것을 이야기할 수조차 없는 신이 아니다."[183]라고 강조한다.

그러므로 교회는 바로 이 세상을 위해서 인류와 그 역사를 섬기도록 부름을 받은 공동체이다. 이런 교회는 필연적으로 모이기만 하는 교회가 아니라 "흩어지는 교회"가 되어야 하며 세상에 군림하여 영광을 받는 교회가 아니라 세상을 위하여 고난받는 교회가 되어야 한다는 것이다.

즉 교회의 "참모습"은 다른 사람을 위한 존재 곧 세계를 위한 존재이다.[184] 다시 말하자면 교회는 자신을 완전히 잃을 태세가 갖추어 있을 때만 "구원받을" 수 있음을 주지한다. 반대로 교회가 자신을 구원하려고 애쓸 때는 벌써 자신의 생명을 잃어버린다는 주장이다.[185] 이와 같은 교회관은 지금까지의 교회관의 안팎이 뒤집어져야만 한다는 견해이다. 그리고 또 선교하는 교회의 구조는 교회 자체가 선교의 일체를 주장하는 것이 아니라 세상이 요청하고 세상이 제공해 주는 선교 항목에 따라 반응을 보여주고 참여해야 한다는 주장이다.[186]

세상이 선교 사업의 항목을 제공해야 한다는 입장은 우리의 세계 모습은 근본적으로 변화되었다는 것이며, 교회는 이러한 변화된 상황에 자신을 조절해야만 된다는 견해이다. 만약 교회가 과거의 적당한 교회로 남아있다면 무슨 유익을 얻을 수 있겠는가 하는 생각이다.[187]

즉 지금까지 존속해 온 교회의 체질로서는 선교하기 어렵다는 견해이

---

183 *Ibid.*, p. 76.
184 *Ibid.*, p. 78.
185 *Ibid.*, p. 78.
186 박근원, *Op. Cit.*, p. 150.
187 Hoekendijk, *Op. Cit.*, p. 79.

다. 그러므로 앞으로의 교회 구조는 더욱 유연성 있는 구조가 되어야 하며 세상을 향하여 개방적이어야 한다는 것이다. 즉 주어진 상황에서 더욱 효과 있게 참여할 수 있는 기동성 있는 교회가 되어야 한다는 뜻이다. 이는 곧 다원적이고 복수적인 교회구조의 필요성을 말해주는 것이다.[188] 이러한 다양한 교회의 구조는 필연적으로 "하느님의 선교"의 총체적 형식을 표현하는 것이기 때문에 계속해서 변화할 수 있는 구조를 지녀야 한다는 견해이다.

셋째로, 선교하는 교회의 구조는 더 나아가서 평신도를 중심으로 한 교회 구조이어야 한다는 주장이다.[189] 지금까지 교회 안에 여러 직분은 주로 교회 자체만을 위한 기능에 봉사해 왔다는 것이 "하느님의 선교"적 견해이다. 이런 구조에다가 선교적 과제나 사명만 추가한다고 해서 다 되는 것은 아니라는 것이다.

즉 평신도가 선교할 수 있는 교회 구조로 바뀌어져야 한다는 것이다. 평신도야말로 원칙적으로 선교의 위임을 받아 부름을 받은 "하느님의 백성"이다. 이 선교의 역군들을 교회 안에서만 머물게 하지 말고 그들을 훈련해서 세상에 보내는 훈련장으로서의 교회가 되어야 한다는 것이다.[190] 그러므로 선교하는 교회의 구조는 지금까지 "동결된 하느님의 백성"을 그들이 선교할 수 있도록 "해방된 백성"으로 훈련할 책임이 있다. 그리하여 교회 안에서의 모든 활동도 "신도들을 준비시켜 세상 속에서 섬기는 일을 하게 하고 그리스도의 몸을 세우기 위한(엡 4:12) 선교의 일꾼" 역할을 감당하게 해야 한다는 것이다.

---

[188] 박근원, *Op. Cit.*, p. 150.
[189] *Ibid.*, p. 150.
[190] *Ibid.*, p. 151.

오늘날 평신도 운동의 강조와 평신도들의 활성화 문제는 이상과 같은 평신도에 대한 자각과 재발견을 뒷받침하는 것이기도 하다.

끝으로 지적되어야 하는 것은 역사와 세계에 대한 이해이다. 즉 "Missio Dei" 신학은 역사 속에서 일하시는 하느님의 활동이 그 중심 사상이다.[191] 그러나 정통주의 신학에서는 어거스틴이 말하는 거룩한 역사와 세속 역사로 구분되는 이원론적 역사관이다.[192]

여기에 반하여 "하느님의 선교" 신학에서는 이러한 이분법을 철폐하고 현 역사만을 지나치게 강조하는 점에서 내재주의적 역사관의 입장에 서 있는 것이라 할 수 있다.[193] 이와 같은 역사와 세계에 대한 이해는 필연적으로 "하느님의 선교" 신학이 교회보다는 세상을 하느님의 활동 무대로 중시하는 연유이기도 하다. 이런 의미에서 "Missio Dei"를 중심으로 한 에큐메니컬 신학은 다분히 정황이 이끌어 가는 신학 곧 정황적 현장 신학(Contextual Theology)으로 한정되는 듯하며 동시에 에큐메니컬 사회이념도 사회변동 자체가 주도하는 혁명이념이 되고 있다.[194]

1963년 Mexico 회의는 세계에 대한 포괄적인 의미를 전해주고 있다. 즉 세계란 지리적 공간적 구조라기보다는 인류 공동체의 운명으로서, 그

---

[191] 전호진, "하느님의 선교와 교회선교, 성경과 신학 제2권(서울: 엠마오출 판사, 1984), p. 234.

[192] 물론 정통주의 신학에서도 하느님께서 현시간의 역사에 섭리를 통하여 활동하신다는 것을 믿는다. 그러나 시간 세계는 역시 괴로움의 세계에 속하는 것이기 때문에 종결되고, 영원의 세계로 대치될 것을 믿는다. 역사는 처음과 나중이 있는 제한성을 띄고 있다는 견해이다.

[193] 이는 곧 독일의 역사주의 신학이 하느님의 선교신학에 많이 반영되어 있음을 시시하는 것이기도 하다.

[194] 김중기, "에큐메니칼 신학과 이데올로기", 이데올로기와 신학(서울: 범화사, 1983), p. 152.

것은 미래를 결단하고 설계하는 역사를 뜻한다. 따라서 선교의 범위는 지리적, 공간적, 사회적, 경제적, 인간적 최전선을 가리키는 것으로 이해한다.**195**

지금까지 "하느님의 선교" 신학의 성격과 그 선교론의 특징과 선교를 위한 교회 구조의 특징적 요소를 고찰해 왔다. 여기서 발견되는 것은 전통적인 선교론과 교회 구조 이해에 있어서 상당히 많은 견해차와 때에 따라서는 대립적인 면모를 보게 된다. 그러나 이러한 견해와 입장의 차이는 궁극적 차이점으로는 생각되지 않는다.

이러한 차이점은 상황과 생활이 달라진 현대 사회에서 더욱 적합한 다원적 선교를 목표하려는 우선권에 차이점으로 보아야만 할 것 같다.

1974년 스위스의 로잔(Lousanne)에서 모인 세계 복음화 국제대회의 결론에 서 나온 '로잔언약'(Lousanne Covenant)은 복음 전도와 사회정의와 인간에 대한 봉사와 관련하여 언급하기를 "복음 전도는 총체적 복음 안에서 전 기독교 회중과 전 세계 인류와 피조물을 포함하고 있다."**196**고 집약하고 있다. 이러한 복음주의적 입장은 "Missio Dei" 신학에 근거한 W.C.C.의 노선과 많은 견해차와 입장의 차이가 있음에도 불구하고 하느님 중심적 사고, 사회정의와 인간해방에 대한 관심의 표명 등은 양자의 전혀 다른 궁극적인 차이로 볼 수는 없다.**197**

---

195 심일섭, *Op. Cit.*, p. 529(Mexico 회의 보고서, 1963).
196 박근원, "1960년대 이후의 선교신학"
197 *Ibid.*

제2절 기장의 4대문서에 나타난 선교신학

기장 교단은 그 출발에서부터 복음의 자유, 신앙 양심의 자유, 신학의 학문적 자유, 세계 교회 정신 그리고 선교적 현실 참여를 선언하고 있다.[198] 교회사가인 이장식 박사는 이상과 같은 선언을 "자주 자립하는 한 본토인 교회로서 성장할 의욕의 표현"[199]이라고 평한다. 그러나 이러한 의욕이 성숙하여 실천 단계에 이르기까지는 교단 자체가 성숙해야만 된다는 것을 전제하고 있다.

기장 교단은 일찍부터 현대 신학과 세계 교회 사상의 신속한 소개와 흡수로 인하여 하나의 이념 교단으로서 또는 선구적 교단으로 자처해 오기도 했다. 그러나 바로 이와 같은 점이 다른 교단과 외부로부터 너무 독선에 사로잡혀 있다는 비판과 비난의 대상으로 오해를 불러일으키는 원인도 되었다.[200] 기장 교회의 체질 변화는 급격하게 형성될 것은 아니었으나, 기장 교회들은 대체로 그 선언서의 취지에 호응하여 어느 사이에 그 선언서의 취지대로 체질 변화가 어느 정도 되어갔다. 이장식 박사는 교단의 이와 같은 성과는 무엇보다도 한국 신학대학의 교육 이념의 주공(奏功)이라고 말한다.[201]

이러한 배경 속에서 자라온 기장은 1970년대에 네 가지의 중요한 문서를 작성하여 발표하며 전 교회가 채택하므로 교회의 신앙 고백의 내용

---

198 38호헌총회 성명서 참조.
199 이장식, "복음의 자유, 하느님의 선교"-한국 기독교 장로회의 발전사와 그 전망-, 한국 교회 100년과 그 좌표, (서울: 한신대학 출판부, 1981), p. 36.
200 Ibid., p. 36.
201 Ibid., p. 36.

과 교회 교육과 사회선언 및 선교정책을 제시하였다.

즉 교회 교육정책 지침서(1970), 사회선언 지침서(1971), 신앙고백(1972), 선교정책(1973) 등이다.

이상의 문서는 이전부터 기장의 교회가 대체로 공인하고 실시해 온 것들의 정리이며 종합한 것이기도 하다. 특별히 이 문서에서 유의해야 할 점은 이 문서들이 다 오늘의 한국이라는 상황적 제 요소를 강하게 의식하며 작성된 문서라는 점이다. 즉 오늘이라는 시대와 한국이라는 컨텍스트를 전제로 하여 작성된 문서라는 점이다.

그러므로 그 내용이 완결된 것도 아니고 또 영구적인 성격의 것도 아니다. 따라서 이 문서들은 앞으로도 더 계속 연구하여 수정 또는 가감되어야 한다는 것이 기장의 일반적인 견해이기도 하다.

진정 복음 자체는 영원히 변하지 않는 것이나 복음이 전파되어야 하는 구체적인 선교 현장은 역사적, 사회적 변천에 따라 변하는 것이다. 따라서 이 변화는 선교 현장에 따라 선교의 과제가 달라져야 한다는 것이 기장의 모든 선교 전략의 기본적인 전제이기도 하다.

그러므로 기장의 4대문서는 여러 가지 상황적 제약에도 불구하고 오늘의 기장의 종합적인 선교신학과 정책의 골격을 살피는 데에 가장 핵심적인 자료가 된다. 따라서 우리는 기장의 이 핵심적인 선교 신학과 정책을 담은 4대문서 속에서 "Missio Dei" 신학이 깊이 수용되어 있음을 보게 된다.

1. 교육정책 지침서

기장 교단은 '교회 교육정책 지침서' 머리말에서 "교회의 선교와 교육의 과제는 불가분의 함수 관계이며, 따라서 선교가 없는 교회는 사멸하고 교육이 없는 선교는 뿌리 없는 나무와 같다."[202]는 깊은 자각을 표명하고 있다. 1969년 9월 총회에서는 교단의 교회 교육정책을 인준하고 이에 준하여 1970년 8월에 《기장 교회 지침서》를 출판하여 교육의 지표로 삼았다. 이 지침서에서 교단 교회 교육의 목적을 설정하였고 "하느님의 선교"(Missio Dei) 신학에 기초를 둔 교육 방향을 제시하였다.[203] 본 교회 교육 지침서는 제2장 〈교회교육의 목적〉에서 기장 교단의 교회 교육 목적을 다음과 같이 밝히고 있다.

"교회 교육의 궁극 목적은 교인들로 하여금 이미 예수 그리스도를 통하여 이룩하셨고 또 계속 성령을 통하여 이룩하고 계시는 하느님의 재창조 활동을 깨달아 알게 하고 이에 믿음과 소망과 사랑으로 응답하게 도와 그리스도를 머리로 한 새 질서 창조의 전위대적인 백성이 되게 할 뿐 아니라 그들에게 맡겨진 사명을 다할 수 있도록 육성하고 훈련하는 일이다."[204]

이는 곧 기장의 교회 교육의 목적과 정책이 하느님께서 이미 이룩하시고 활동하시는 대업에 믿음과 소망과 사랑으로 응답하며 참여한다는 "하느님의 선교"(Missio Dei) 신학에 기초를 둔 교육 방향의 제시이기도 하다.[205]

과연 기장 교단의 교육 방향이란 무엇인가? 이 물음에 대하여 〈교회

---

[202] "교회 교육 지침서" 《기장-연혁, 정책 선언서-》(서울: 한국기독교장로회 총회 발행, 1974), p. 91.
[203] Ibid., p. 81.
[204] Ibid., p. 100.
[205] Ibid., p. 100.

교육 정책〉에서 크게 두 가지 점을 지적하고 있다. 그것은 첫째로, 세상을 섬기는 교회의 형성이며, 둘째는 교회의 내적 충실이다.

여기서 첫 번째로 지적된 '세상을 섬기는 교회 형성'에서 특별히 강조된 것은 한국 교회의 내향적인 교회주의와 무당 종교적인 기복주의 그리고 이원론적인 내세주의로 평가되는 현실에서 교단의 교회 교육은 이상과 같은 약점을 극복하고 세상을 구원하시려고 오늘도 일하고 계시는 하느님의 뜻을 받들어 세상을 섬기는 종된 교회를 형성하는 데 모든 교육적 노력을 기울인다는 것이다.[206] 그러나 유의해야 할 점은 여기서 '세상을 섬긴다' 할 때 그것은 반드시 교회만이 한다는 뜻도 아니며 교회가 꼭 주역이 되어야 한다는 뜻도 아니다.[207] 세상을 향한 선교란 궁극적으로는 교회의 일이기보다는 하느님 자신이 하시는 "하느님의 선교"라는 견해이다. 즉 하느님은 종교적 영역뿐만 아니라 정치, 경제, 과학, 교육 등 문화 각 분야에서 인류의 복지와 구원을 위해 활동하신다는 주장이다.

여기서 '세상을 섬기는 종된 교회를 형성하는 데 모든 교육적 노력을 기울인다'는 말은 '빌링겐 대회' 이후의 "하느님의 선교" 신학과 그 맥락을 같이 한다는 것이며, 구체적으로 뉴델리 대회 이후 북미교회와 서구교회 전도분과 위원회가 움살라 W.C.C. 총회(1968)에 제출하기 위해 "타자를 위한 교회와 세상을 위한 교회"(The Church For Others and The Church For The World)라고 작성한 보고서의 내용을 깊이 반영하고 있으며 궁극적으로는 '타자를 위한 교회'라는 본회퍼의 사상을 반영하는 것이기도 하다.[208] 즉 교회는 교회 자체에 관심을 두는 교회가 되어서는 안 되고 세상

---

[206] *Ibid.*, p. 81.

[207] *Ibid.*, p. 81.

[208] 본 논문 제3장 1절 6을 참조.

을 위한, 세상을 섬기는 종의 교회로 존재할 때만이 참 교회가 된다는 주장이다. 그러므로 교회 교육의 목적은 이 '세상을 섬기는 종된 교회 형성'을 위한 노력이어야 한다는 것이다.

이 일을 위하여 하느님은 교회뿐만 아니라 교회 밖에 여러 인물, 기관, 조직도 사용하신다. 그러므로 교회는 "하느님의 선교"를 보좌하는 유일의 기관이라고 자처할 수 없다. 그러나 "하느님의 선교" 수행에 있어서 교회의 특수 사명을 무시할 수 없다.

그리스도의 몸 된 교회로 하느님의 뜻을 가장 깊이 이해하는 교회는 날로 변천하는 세상에서 하느님의 뜻이 어디에 있는지를 민첩하게 식별하고 이를 선포할 뿐 아니라 이 뜻의 수행을 위해 전위대의 역할을 해야 한다[209]는 것이다. 특히 눌리고, 병들고, 가난한 자들에게 새 생명의 기쁜 소식을 전하려 독생자를 보내신 하느님의 선교의 뜻은 오늘날도 사람다운 생을 살 수 없어 허덕이는 무지와 편견과 부정의에 억압받는 무리에게 있다. 그리고 그의 선교 활동은 사람답게 살지 못하는 이들을 위로하고, 깨우치고, 격려하는 한편, 그들의 생을 비참하게 만드는 악과 대항하여 이를 제거하는 일이다. 그리고 이 일의 완성이란 만인의 하느님께 돌아와 그와 화해할 때까지는 완성되지 않는다. 그러기에 교회는 인류를 하느님과 화해케 하는 일을 한시도 등한시할 수 없다.[210] 교회는 이상과 같은 일에 적극 참여할 수 있도록 하기 위해서 다음 네 가지 점을 강조하고 있다.

1) 교회는 그 처해 있는 때와 고장에 있어서 "하느님의 선교"의 초점이

---

[209] "교회 교육 지침서"《기장-연혁, 정책 선언서-》(서울: 한국기독교장로회 총회 발행, 1974), pp. 81-82.
[210] Ibid., p. 82.

어디에 있는지를 식별하는 능력을 길러주는 일.

2) 교회가 그 처해 있는 고장의 여러 가지 문제들과 복음이 어떤 관계가 있는가를 밝혀 볼 수 있는 능력을 길러주는 일.

3) 교회는 그 해야 할 과제를 가장 효과적인 방법으로 수행할 수 있는 능력을 길러주는 일.

4) 교회가 그 믿는 바를 세상에 전하되 이를 대화를 통해서 열린 마음으로 수행할 수 있는 능력을 길러 주는 일[211]이다.

그리고 교회 교육 방향에서 두 번째로 지적된 과제는 세상을 섬기는 교회가 되기 위해서는 무엇보다도 교회의 내적 충실이 강조되어야 한다는 점이다. 그러므로 교회 교육은 먼저 교회 자체가 내적으로 더 충실해지도록 봉사해야 한다는 것이다. 물론 여기서 말하는 내적인 충실이란 교회 자체의 성장을 뜻하는 것이 아니라 좀 더 효과적으로 섬기는 종으로서의 태세를 바로 잡는 성장이 되어야 한다[212]는 것이다.

여기서 교회의 내적 충실이란 다음의 4가지를 지적하고 있다.

교회의 양적인 확장이다. 즉 보다 효율적인 농사를 위해서는 어느 정도의 양적인 성장이 수반되어야 한다는 것이다. 특별히 이 양적 성장에 있어서 유의할 점은 한국 교회의 약점인 이원적인 타계주의나 무당 종교적인 위복주의로 전락하지 않으면서도 사람들의 욕구를 건전하게 충족시키는 길을 찾는다는 것이다.[213] 이것을 위해서는 교회 내의 친교, 예배, 교육, 훈련 등을 새롭게 혁신해 가는 것이며 동시에 교회는 사회의 각 분

---

[211] Ibid., p. 32.
[212] Ibid., pp. 82-83.
[213] Ibid., p. 83.

야에 선교의 발길을 적극적으로 뻗쳐가는 일이다. 이와 같은 선교 활동을 위해서 교회는 평신도 훈련에 특별한 연구와 노력을 기울일 것을 지적하고 있다.

교회 친교의 조성이다. 교회란 한 주로 말미암아 구원받은 형제들, 그리고 한 목적을 위해 부름받은 동지들의 친교 단체다. 친교는 또한 개체 교회 단위로만 이루어질 것이 아니라 교파를 망라한 친교가 되어야 하고 인류의 복리를 위해 뜻을 같이할 수 있는 모든 단체와도 대화할 수 있는 폭넓은 친교가 되어야 한다. 교회는 교인을 대화할 줄 아는, 그리고 협동하여 일할 줄 아는 백성으로 훈련해야 한다.

복음의 재이해이다. 즉 교인들 중에는 기독교를 이원론적인 타계주의 그리고 무당 종교적인 위복주의적으로 이해하여 온 경향이 짙다. 이를 극복하기 위하여 교단은 조속히 교단의 신앙고백을 제정하여 교인들의 실생활과 관련지어 전수할 수 있도록 해야 할 것이다.

예배의 재확립이다. 예배는 믿는 이들이 한자리에 모여 하느님 앞에 드리는 의식적인 예배와 함께 우리들의 생을 통해 드리는 예배가 있다. 전자는 후자를 입히며, 동시에 후자가 없는 전자는 생명 없는 의식으로 끝난다. 특별히 이 대목에서 강조하는 것은 일상생활이 예배생활이 될 수 있도록 도울 뿐 아니라 때때로 모여서 드리는 의식적인 예배가 이 생(生)으로 드리는 예배를 힘 있게 할 수 있도록 돕는 의미 깊은 예배가 되어야 한다는 것이다.[214]

즉 교회 성장을 위한 노력, 친교생활, 복음을 깨우치는 일, 그리고 참예배를 드리는 일에 참신한 변혁이 일어날 때 내적 충실을 갖는 교회가 될 것이며 세상을 섬기는 교회로 갱신될 것이다.

---

[214] *Ibid.*, pp. 83-84.

이상 '교회 교육 정책'에서 강조하는 '세상을 섬기는 교회 형성'과 '교회의 내적 충실'의 기틀은 빌링겐 대회 이후 뉴델리와 멕시코 대회를 거치며 "하느님의 선교"의 더 구체적인 표명이 된 '사회정의 실현'을 위한 참여와 이를 위해서 세상에서 평신도의 역할을 중시하며 강조한 점과 그 보조를 같이하며 특히 "하느님의 선교"를 더 효과적으로 수행하기 위하여 교회구조와 선교구조의 갱신을 부르짖는 주장과 그 맥락을 같이 하는 것이기도 하다.

그러나 본 교육정책 지침서는 그 교육 방향 제시에서 이미 언급한 바와 같이 세상을 섬기는 교회를 위한 더욱 효율적인 봉사를 위해서 교회의 내적 충실을 강조하고 있으며 그 교회의 내적 충실은 무엇보다 교회의 양적 확장을 지적하고 있다.

그리고 이 양적 확장은 한국 교회의 약점인 이원론적인 기복신앙에 떨어지지 않으면서도 사람들의 갈급한 심령을 충족시키는 은총의 신앙을 찾아야 한다는 것이다.

이와 같은 강조는 앞에서 강조해 온 "하느님의 선교" 개념과 상충하는 듯한 인상을 준다. 그러나 이것은 반드시 상충 개념이라기보다는 오늘의 폭넓은 교육적 과제 내지는 선교적 과제를 위한 보완 개념으로 이해되어야 할 것이다.

2. 사회선언 지침서

1971년 제56회 총회에서 채택한 기장의 사회 선언의 지침서는 그 첫머리에, 본 선언의 지침을 채택하게 된 동기를 다음과 같이 기술하고 있다. "교회가 20세기의 남은 기간 당면하게 될 큰 과업은 사회적, 경제적, 정치적, 국제적 대변화에 대응하면서 어떻게 예언자적 사명과 그 기능을 감당할 것이냐 하는 문제"[215] 의식에서 작성된 것이라고 설명한다.

그리고 그 사회선언의 신학적 근거는 이 세상의 정당이나 다른 단체에서 행하는 사회백서와는 달리 성서적 근거에서 행해지는 신앙 고백적 성격을 갖는다[216]고 밝히고 있으며 무엇보다도 장로회의 거점이 되는 개혁파 신학에 의존하며, 하느님의 주권에 대한 신앙을 강조[217]한다는 점을 명백히 밝히고 있다. 그리고 그 주요 내용은 다음과 같이 요약되고 있다.

1) 하느님은 인간의 삶의 전 영역에서 주권자로 통치하신다. 따라서 사회는 결코 하느님의 통치와 분리해서 생각할 수 없다.
2) 하느님은 심판자로서 세상의 죄를 심판하시고 그 죄를 정복하기 위하여 그의 아들 예수 그리스도를 세상의 빛으로 보냈다. 그러므로 우리는 그의 은혜에 감격하며 그의 구속사업에 동참하는 응답이 요청된다.
3) 성령이신 하느님은 그의 구속 사업을 지금도 계속하며 복합적인 사회 및 사회 구조와 헝클어진 인간 본성의 죄악성을 꿰뚫어 보신다. … 세상의 개혁에 우리를 부르시고 전위적 안내역을 감당케 한다.
4) 성서는 오늘도 정치적 경제적 사회적 질서와 체제를 설명하고 비판하며 해석하는데 유일한 근거가 된다.
5) 교회는 창조주시고 심판자이시며 구속자이신 하느님의 선교에 동참함으로 하느님께 영광을 돌려야 한다. 특별히 하느님의 뜻을 분별하여 이 시대의 사도적 역할을 감당하는 것이 교회의 과제이

---

[215] *Ibid.*, p. 72.
[216] *Ibid.*, p. 75.
[217] *Ibid.*, p. 75.

다.²¹⁸

본 성명서는 이상과 같은 교회의 과제를 수행하기 위하여 교회의 대사회적인 자세를 제3장 〈사회선언의 신학적 근거〉의 끝머리에서 누가복음서 4장 18절을 제시하며 세 가지 측면을 강조하고 있다.

첫째로, 교회는 세계 내의 악에 대하여 무관심할 수 없으며 그 악의 근원을 찾아 그것을 철저히 밝혀 알릴 사명을 갖는다.

둘째로, 교회는 사회적 도덕적 문제에 대하여서는 그리스도의 마음을 품고 예언자적인 외침, 친교와 봉사가 있어야 한다.

끝으로, 교회는 이 세상의 핍박, 궁핍, 고난이 있는 자리에서 하느님으로부터 주어지는 자유와 해방의 의미를 밝힌다.²¹⁹ 즉 비리가 있는 현실 속에서 교회는 언제나 그 악의 세력에 항거하며 모든 사람의 권위를 회복²²⁰케 하는데 헌신한다는 주장이다.

기장 교단의 이상과 같은 대 사회적 자세의 배경에는 한국 정부가 이미 사회적 정치적 대변화를 어떻게 관리 운영하느냐 하는 문제에 대하여 과감한 행정적 개혁을 단행하였으며 새로운 프로그램으로 두 차례에 걸친 5개년 경제 계획과 관리지침으로 운영해 나갔기 때문에 산업구조, 도시구조, 재정 규모 등에 굉장한 변화를 일으켰다는 것이다. 물론 여기에는 시행착오가 없을 수 없었다.²²¹ 이처럼 한국 사회 전반에 걸친 상황적 변화에도 불구하고 한국 교회는 여전히 사회적, 정치적 대변화에 대응할

---

218 *Ibid.*, pp. 75-76.
219 *Ibid.*, p. 76.
220 *Ibid.*, p. 73.
221 *Ibid.*, pp. 73-74.

교회의 새로운 선교 구조와 과제를 모색하지 못하고 있다는 교회의 자기 반성과 비판에서 사회 선언의 지침이 작성되고 있다. 이와 같은 자각은 기장의 시대적 종교적 상황 판단이기도 하다. 이와 같은 시점에서 기장 교단은 혁명적인 "예수상"을 생각하며 함께 바라보면서 사회적인 큰 변화에 그리스도의 정신으로 화육(化肉)할 수 있는 새로운 교회의 구조적 변화가 있어야 한다고 주장한다.[222]

본 사회 선언의 지침은 이상과 같은 "교회의 갱신과 아울러 인류의 일치, 인류공동체를 형성해 가는 과정에 있어서 하느님의 수단으로서 그 역사적 의의가 있다"고 밝히고 있다.

이는 곧 빌링겐 대회로부터 교회가 이전처럼 선교회를 세우고 선교사를 파송하는 식의 교회의 선교보다 삼위일체 하느님의 선교 즉 세상에서 일하시는 구속의 선교에 교회가 참여하는 것이라는 선교의 개념을 반영하는 것이기도 하다.[223] 그리고 제4장에서는 사회 선언의 영역을 교회문제의 영역, 문화문제 영역, 사회문제 영역, 정치문제 영역, 국제문제 영역 등으로 구분하고 있다.[224] 이들 중에는 현재 한국 교회가 당연한 문제로써 간단히 해결할 수 없는 심각한 문제들도 있다.

그러므로 앞으로 계속하여 그 현안에 대하여 사회선언을 펴나아갈 것을 다음과 같이 선언하고 있다.

1) 분단된 나라의 재통일을 이룩함으로써 자유와 행복을 찾아야 하고 세계의 평화와 안정을 누려야 한다.

---

[222] *Ibid.*, pp. 7-74.
[223] 본 논문 제3장 1절을 참조.
[224] *Op. Cit.*, p. 76

2) 진정한 의미에서의 대의 정치가 모든 형태의 독재 체제를 대치하여야 하며 동시에 사법권의 독립으로 법에 의한 통치가 확립되어야 함을 선언해야 한다.
3) 권력의 남용과 이에 따른 부정부패는 제거되어야 한다.
4) 인간의 위기인 빈곤을 극복하기 위하여 교회는 자원과 기술의 지원을 아끼지 말 것을 다짐한다. 동시에 국가 발전에 경제적, 물량적, 성장뿐 아니라 경제적 균형, 분배의 평등, 나아가서는 국제적 평화 정의의 실현을 전제해서 선언할 것.
5) 공업화와 도시화 과정에서 유발되는 빈부 간의 격차, 농촌과 지역 간의 격차, 대기업과 중소기업 간의 격차를 축소해야 하거니와 특히 공해 추방에 교회는 앞장서고 이를 위해 일반사회 및 정부에 대한 설득을 촉진한다.
6) 노사 간의 평화적 협조를 이룩할 수 있도록 산업 민주화를 교회는 촉진한다.
7) 전통적 질서와 복종의 체제는 일을 중심으로 한 조직적 관계와 기능적 관계로 대치되어야 한다.
8) 이성, 과학, 실력에 중점을 두고 사회 교육에 힘쓰고 동시에 혼란 없이 변화를 받아들일 수 있는 사회 능력을 증가시키는데 사회교육을 동원해야 한다.
9) 젊은 세대의 소리에 귀를 기울이고 세대차를 좁히는 데 교회는 앞장서야 할 것이다.
10) 우리는 교회의 일치뿐 아니라 인류의 일치를 위해 기도하고 우리 나라의 영속적인 평화를 위해 기도하고 있음을 선언할 것[225] 등이

---

[225] *Ibid.*, pp. 76-78.

다.

이상과 같이 본 사회 선언 지침서는 사회 속에 민중을 전제하며 사회 선언의 가치는 "하느님의 선교"와 '사회발전'을 저해하는 모든 악의 세력을 민중에게 인식시키는 동시에 그 악에 대항하여 싸워 승리하는 데 있으며 이를 위해서 교회의 일치와 인류의 일치를 강조하고 있다.

3. 신앙고백 선언서

기장의 "신조 연구회" 위원으로 참여했던 박봉랑 박사는 그가 쓴 〈기장 신앙 고백서의 신학〉이라는 논문에서 신앙고백서에 대한 기본자세를 밝혀 말하기를, "항상 성서에 비추어 새롭게 신앙 고백을 형성해 가야 하는 개혁 교회 정신에서 볼 때 개혁 장로교 전통에서는 절대적으로 닫힌 하나의 권위의 신조는 있을 수 없다. 그러므로 신앙 고백의 다양성은 장로교 전통의 특징이다"[226]라고 언급하고 있다.

이와 같은 견해는 박봉랑 박사의 개인적인 입장인 동시에 기장 총회에서 위촉한 신조위원회의 기본 입장이기도 하다.

신앙고백이란 "우리는 이렇게 믿는다. 그러므로 이렇게 산다."[227] 하는 것을 표명하는 것이다.

기장 교단은 1972년 총회에서 "신앙고백선언서"를 채택하면서 그 전문에서 그 취지를 다음과 같이 밝히고 있다.

"우리가 신앙 고백서 제정을 시도한 것은 초대교회 신도들과 같은 역경에서도 그들과 같이 단호하고 용감하게 대결할 수 있게 되기 위함이다.

---

[226] 박봉랑, "기장 신앙 고백서의 신학" 세계와 선교 66호(서울: 한신대학, 1978)
[227] "신앙 고백 선언서", 기장-연혁 정책 선언서, p. 19.

… 다른 사람들의 신앙을 심판하려는 것이 아니라 우리 자신들의 신앙생활을 훈련하기 위함[228]이라고 한다. 그리고 본 고백서는 적어도 세 가지 원칙을 염두에 두면서 제정되었다고 지적한다. 즉,

1) 모든 전통적인 신앙 고백의 본류에서 이탈하지 않는다는 것.
2) 현대 세계 교회들의 방향에 동조한다는 것.
3) 한국기독교장로회 전체의 공동 고백이라는 것.[229]

등이다. 이상과 같은 관점에서 기장 교단은 교회의 사명을 수행하는 데 중심적이라고 판단되는 과제들을 찾아서 그 믿는 바를 고백함으로써 오늘 교회의 방향과 선교 행위의 안내가 되게 했다. 그리고 이 과제를 수행하기 위한 성서적 안내로써 주제를 선택하고 있다.

본 선언서는 그 주제를 "말씀이 육신이 된 신"(요 1:14) 즉 성육신에서 이해하며 빌립보서 2장 6-11절에서 그 중심을 찾고 있다.[230] 즉 "그는 본래 하느님의 본체이셨으나 하느님과 동등됨을 취하려 하시지 않고 오히려 자기를 비워 종의 모습을 취하셨으며 사람의 형상을 입으셨습니다. 그는 사람의 모습으로 나타나 자기를 낮추어 죽기까지 복종하셨으니 곧 십자가에서 죽으셨습니다. 그러므로 하느님께서는 그를 높이 올리셔서 모든 이름 위에 뛰어난 이름을 주시며 하늘에 있는 자나 땅 위에 있는 자나 땅 아래 있는 모든 사람을 예수의 이름에 무릎을 꿇게 하시고 모든 입으로 예수 그리스도는 주님이시다 하고 고백하게 하여 하느님 아버지께 영광을 돌리게 하셨습니다."

박봉랑 박사는 이 부분을 해설하면서 오늘 비인간화의 상황에서 기독

---

[228] Ibid., p. 19.
[229] Ibid., pp. 23-24.
[230] Ibid., p. 23.

교 선교의 바람직한 것은 하느님의 말씀이 우리 한국 속에서 '성육신'을 하고 우리의 신앙이 우리의 현실과 삶 속에서 '성육신하는 것'이라고 피력하고 있다.

여기서 특별히 지적되어야 하는 것은 기장의 신앙 고백과 제 선언서가 복음주의 신학에서 강조하는 죄를 위해 고난받고 십자가를 지신 고난의 메시아보다 하늘 보좌를 버리시고 세상에 내려오셔 성육하신 그리스도를 강조함으로 현존신학(presence theology)의 이론적 기초로 삼고 있다는 점이다. 이는 곧 "하느님의 선교" 신학과 그 맥락을 같이하는 것이며 나아가서 바르트(K. Barth)의 중심 사상인 성육신의 신학을 반영하는 것이기도 하다.[231] 본 선언서는 선언서의 성격을 다음 몇 가지 점으로 요약하고 있다.

1) 신앙 고백서를 작성한 사람은 몇 사람일지 모르지만 신앙 고백의 주체는 전교회라는 사실이다.
2) 본 신앙 고백의 골격은 장로교-개혁교 신앙 전통을 이어받은 한국기독교장로회의 신앙고백서임을 밝히고 있다.
3) 본 신앙고백서는 오늘이라는 시대와 한국이라는 컨텍스트가 전 신앙 고백서를 통해서 나타나게 하려는 것이다.
4) 본 고백서는 역사적 신앙들을 계승한다. 그것은 사도신경 니케아 신조, 칼케돈 신조, 아우크스부르크 신조, 헬베틱 제1신조, 웨스트민스터 신조, 발르멘 선언, 한국 장로교회의 12신조 등 역사적 교회의 신조들을 우리의 전통으로 가지며 기장의 신앙을 고백한다는 것이다.

---

[231] 전호진, *Op. Cit.*

5) 에큐메니컬 성격을 가지려고 한다[232]는 것이다.

그리고 본 신앙 고백서에 나타난 신학적 내용은 본 신조위원회가 1970년 총회에 제출한 7항목에 따라 설명하고 있다. 여기서는 그 전체적인 내용을 간단히 약술하기로 한다.

1) 하느님 ;

본 고백서가 밝히는 하느님 신앙은 무엇보다도 성서의 증언으로부터 그리고 그의 계시에서 자신을 알게 하신 하느님이시다. 그리고 그는 역사 속에서 행동하시는 아버지, 아들, 성령으로서의 하느님이며, 초대교회가 규정한 삼위일체 하느님을 고백함으로 기독교 신앙의 독자성을 부각시키고 살아계신 하느님의 주격을 모든 다른 항목들의 근본 전제로 삼고 있다.[233]

즉 본 선언서에 나타난 하느님 신앙은 예수 그리스도의 아버지시며, 우리의 아버지시며, 하늘과 땅을 창조하시고 계속 창조하시는 하느님이시고, 이스라엘 역사에서 거룩하신 아버지로 나타나시고, 예수 안에서 아들로 나타나셨고, 예수 그리스도의 이름으로 모인 교회에서 성령으로 나타나시며, 인류와 역사를 지배하시는 이 살아계신 하느님에 대한 고백이다.[234]

따라서 하느님 인식의 확실성의 근거는 인간들의 논리나 논증에 있는 것이 아니라 하느님 자신의 실증인 이스라엘의 역사와 예수 그리스도의

---

[232] 박봉랑, *Op. Cit.*
[233] "신앙고백 선언서", 기장-연혁, 정책 선언서-, pp. 24-25.
[234] *Ibid.*, pp. 24-25.

생애 특히 그의 죽으심과 부활, 그리고 교회가 걸어 온 삶[235]을 통하여 인식된다는 것이다.

즉 하느님은 그의 말씀의 신실성과 그의 전능의 실증에서 살아계심을 나타내신다는 고백이다.

2) 성서 ;

신구약 성서는 통일을 이룬 하느님의 말씀으로서 이 양자는 예수 그리스도 안에서 유기적으로 통일되며 그 한 쪽 없이는 다른 쪽을 이해하기 어렵다. 그리고 신구약 성서는 각 시대에 구체적인 정황에 살던 예언자와 사도들의 글이며 당시의 신앙공동체에 준 설교(케리그마)와 지시로서 하느님의 통일된 말씀이다.[236] 그리고 본 신앙 고백서는 성서의 권위 문제를 해석하면서 "성서는 자신의 권위로서 하느님의 말씀임을 입증한다"[237]고 주장한다.

따라서 이 말씀은 하느님의 역사적 실제를 증거하며 그리스도 안에서 사람을 새롭게 하는 힘을 가진다고 한다. 교회는 이 사실을 성서의 영감이라고 불렀다. (딤후 3:16-17)

성서의 영감은 그리스도를 바로 증거하며 믿는 사람의 인격을 변혁시키는 성령의 내적 증거에서 실현[238]된다고 한다. 따라서 성서의 권위는 성서의 축자영감설에서 찾기보다는 성서가 하느님의 말씀이 되는 것은 하느님 자신의 행위와 교회가 영감이라고 부른 사건에서 찾으며 성서 자

---

[235] Ibid., p. 25.
[236] Ibid., pp. 25-26.
[237] Ibid., p. 26.
[238] Ibid., p. 26.

신의 권위로서 하느님의 말씀임을 입증[239]한다는 견해이다.

특별히 성서 해석의 방법론에 있어서 우리의 주의를 환기시키는 점은 성서는 쓰여진 장소와 시대와 저자의 여러 조건에서 제약되어 있으므로 언어의 문법과 사고방식과 그 사회적 조건을 정확히 연구함으로서 잘 이해하고 해석할 수 있다[240]는 견해이다. 따라서 본 고백서는 성서 해석에 있어서 통일성과 다양성이 함께 확립될 것을 강조하려는 것이 그 특징이기도 하다.

3) 창조 ;

박봉랑 박사는 고백서 제2장 〈창조와 세계〉 부분을 해설하면서 대개의 신조에는 '창조의 섭리'는 하느님의 섭리 속에 포함시키고 있으나 본 고백서는 '창조와 세계'라는 항목을 독립적인 항목으로서 신앙 고백 속에 포함시키고 있는 점이 본 신앙 고백서의 특징의 하나라고 지적하고 있다.[241]

하느님은 태초에 말씀으로서 만물을 창조하시고 세계와 자신을 구별하셨다. 하느님은 또 이 창조에서 단번에 일을 끝내지 않으시고 전환과 갱신으로 완성을 향하여 인도하시고 모든 과정을 그의 뜻에 따라 다스린다[242]고 한다.

창조된 자연의 가장 큰 기능은 생명을 육성 보존하는 것이며 그 과정은 과학으로 확인되는 자연 법칙에 따라 설명될 수 있으나 결국 자연의

---

[239] 박봉랑, "기장 신앙 고백서의 신학", 세계와 선교, 참조.
[240] "신앙고백 선언서", 기장-연혁, 정책 선언서-, p. 26.
[241] 박봉랑, "기장 신앙 고백서의 신학" 참조.
[242] "신앙 고백 선언서", 기장 -연혁, 정책 선언서-, p. 27.

운명은 하느님이 인간과 맺은 계약에 포함된다[243]는 것이다.

특별히 2장 2항 〈자연과 인간〉에서는 생태학적 위기와 자연 개발에 대한 기독교의 책임을 강조함으로써 오늘날 우리 사회가 지향하려는 근대화와 산업화 과정에서 예견되는 모든 위기와 책임성을 상기시키고 있기도 하다.

즉 인간은 자연을 초월하는 능력과 관리하는 책임을 지고 있으나 동시에 자연의 한 부분이며 자연으로부터 생의 소재와 지반을 받으며 갱신의 힘을 얻는다.[244] 그러나 오늘날 인간은 무계획한 인구의 팽창, 무절제한 욕심과 낭비, 그리고 과학 기술의 오용 등으로 자연을 해쳐, 마침내 자연과 함께 자신의 생의 지반을 파멸시킬 위기에 직면하였다[245]고 지적하고 있다.

손봉호 박사는 그가 쓴 〈생존 환경문제와 기독교〉라는 논문에서 "인간이 자기 의욕을 제한하지 않고 무계획적이고도 무절제한 소비 성향과 인구의 팽창은 극악의 환경 문제를 초래할 것이며 그 결과는 전 인류를 멸망케 하리라는 것도 어느 정도의 추상력을 동원하면 명백해진다."고 언급하고 있다.[246] 그리고 이 문제는 단순히 윤리적인 차원에 속한 것이 아니고, 오히려 역사 철학적 신학 문제이다.[247] 따라서 필요하지 않은 자원의 낭비는 경제적 문제가 아니라 도덕적 문제임을 인식해야 한다고 강

---

[243] Ibid., p. 27.
[244] Ibid., p. 28.
[245] 손봉호, 생존 환경문제와 기독교, 현대 정신과 기독교적 지성(서울: 성광문화사, 1981), p. 302.
[246] Ibid., p. 302.
[247] Ibid., p. 302.

조한다. 손 박사는 계속 공해 문제에 대해 언급하며, 공해는 항상 가난한 나라, 가난한 자가 공해의 첫 희생자가 된다는 점을 지적하고 있다. 그래서 약한 나라는 울며 겨자 먹기로 공해산업을 받아들여야 하고, 경제적으로 약한 사람이 공해가 심한 지역에 거주하게 되며, 공해 산업에 취업해야 한다는 사실이다.[248] 이런 추세는 1960년대와 1970년대에 걸쳐 우리 사회에 두드러진 현실의 한 면모였다. 본 고백서는 이러한 상황에서의 기독교적인 책임을 강조하며, 근대화와 산업화 과정에서 예견되는 모든 위기와 희생을 극소화하려는 의지와 신앙의 고백이기도 하다.

우리는 이제 자연도 창조주 하느님을 찬양하며, 우리 후손도 계속 자연에서 그 생의 소재를 공급받을 수 있도록 생명을 보호하고 자연을 배양하고 개발하는 데 전력을 다해야 한다고 강조하며, 끝으로 이 자연의 혜택이 지구상의 모든 민족에게 고르게 분배되고 그것을 아껴서 쓰는 것이 하느님의 뜻이라고 고백한다.[249]

4) 인간의 본질과 죄 ;

인간은 하느님의 형상대로 창조되었다(창1:26). 그래서 인간은 본래 삶의 의미와 창조의 기적을 발휘하는 귀중한 특성으로 하느님의 축복 속에 있다. 그는 또 하느님과 사람에서 책임성과 윤리성을 가지며 또 자기 죽음까지도 넘어서 영원을 사모한다. 그러나 죄가 인간의 본성에 깊이 침투하여 그것을 부패케 하고 의와 사랑과 선을 행하기에 무력하게 하였다.[250] 과연 죄란 무엇인가, "죄는 사람이 하느님의 창조 원칙을 거슬러

---

[248] Ibid., p. 302.
[249] 신앙고백서, 기장-연혁, 정책 선언서-, p. 28.
[250] Ibid., pp. 29-30.

하느님을 반역하는 이기주의와 교만에서 온다."[251]고 한다.

그러므로 인간의 근원적인 죄는 자신의 힘으로 극복할 수 없는 것이며 오직 하느님의 무조건적인 은총을 통해서 가능하다.

5) 예수 그리스도 ;

여기서는 특별히 오늘 예수는 우리에 대해서 누구냐에 관심을 두면서, 예수 그리스도는 그의 말씀 그의 행동 즉 그의 존재가 하느님의 말씀이라는 것이며, 예수 그리스도의 사실 그 자체가 하느님의 구원의 행동이라는 것을 확정[252]하고 있다.

그는 인간의 죄 때문에 고난을 받으셨으며, 그 고난의 절정은 십자가에서의 죽으심이었다. 그러나 하느님께서는 그를 죽은 자 가운데서 다시 살아나게 하시므로 그가 하느님의 아들임을 증명한다. 그러나 그때의 부활은 그리스도의 인간성에서 온 것이 아니라 죽은 자를 살게 하시는 하느님으로부터 온 것이다. [253]

예수의 참된 인간과 참된 하느님의 통일에 관한 고백에 있어서는 칼케돈 신조의 고백에 따라서 논리적 해명을 가하지 않고 예수의 통일된 인격으로서 참사람이며 참 하느님의 사건을 성령의 확증과 신앙으로 고백하는 신비로 고백하고 있다. [254] 이렇게 함으로써 잘못 범하기 쉬운 에비온주의와 가현설을 극복했다고 한다.

끝으로 이 항목은 또 그리스도의 부활과 승리를 고백하고 있다. 예수

---

[251] Ibid., p. 31.
[252] 박봉랑, "기장 신앙 고백서의 신학" 참조.
[253] "신앙 고백 선언서", 기장-연혁, 정책 선언서-, p. 32.
[254] Ibid., pp. 32-34.

그리스도의 부활은 케리그마의 비신화론에서와 같이 단순히 제자들의 신앙 속에서 일어난 사건이 아니고 "하느님께서 죽은 자를 일으키신 것이며, 역사 안에서 일어난 초자연적 사건"[255]이라고 고백한다.

따라서 예수의 부활은 인간의 최후 원수인 죽음이 생명에 삼키운 것을 뜻하며, 정의와 사랑의 승리를 뜻하는 것이기도 하다.

6) 성령 ;

성령은 아버지와 아들로부터 보내심을 받아 역사 안에서 이룩하신 그리스도의 속량 사업을 세상 끝날까지 계속하신다. 성령은 인간 속에 예수 그리스도를 증거하며 하느님의 자녀인 '새 인간'을 만드신다.

성령은 또 우리를 그리스도와 만나게 하고 하느님 앞에서 죄인임을 깨닫게 하고 그리스도를 주라 고백하게 하고, 믿음으로 의롭다 인정받게 하고, 하느님의 뜻에 따라 믿음의 결단을 하게 하신다."[256]

성령은 교회를 모으고 선교의 일을 하게 하고 인간 해방을 위한 모든 선한 노력 속에서 활동하시며 역사 안에서 악에 대한 투쟁과 세계 평화를 위한 운동들 속에 활동하신다. 그리고 성령은 우리 안에 희망을 창조하여 모든 고난을 이기게 한다. 이상과 같이 본 항목의 특징은 그리스도인의 삶을 강조하고 있는 점이라 할 수 있다.

즉 "성령은 우리 안에 그리스도의 형상을 만들어 우리의 성격과 생활이 그리스도를 닮게 하고, 기쁨으로 그의 발자취를 따라서(전 2:21) 살며, 우리의 몸을 하느님이 기뻐하시는 산제물로 드리는(롬 12:1) 새로운 삶을

---

[255] Ibid., p. 34.
[256] Ibid., p. 35.
[257] Ibid., pp. 35-36.

창조한다."²⁵⁷ 성령은 우리로 하여금 이웃에 대하여 그리스도의 역할을 하게 한다.

그러므로 그리스도인은 예수가 한 일을 모방하며 약한 자의 친구가 되고 압박자와 악한 권력구조와 사회적 불의에 대하여 그리스도와 같이 항거하며 눌린 자의 문제 해결을 위해서는 사회적인 세력들을 동원하여 공헌하게 된다.²⁵⁸

성령 안에서의 삶은 의를 위한 혁신과 고난, 그리고 그리스도의 고난에 참여하는 것이며, 동시에 부활하신 이의 생명에 참여하는 것으로 경험한다(고후 4:11-12).²⁵⁹ 이러한 삶은 하느님께 드리는 감사와 찬미이다. 그것은 또한 성령이 단순히 내적·정신적 성결만이 아니라 윤리적·사회적·정치적 삶 속에 거룩한 삶을 창조한 것이기도 하다.²⁶⁰

7) 교회 ;

교회란 무엇인가에 대하여 신앙고백서는 간결하게 규정한다. "교회는 그리스도에게 부름을 받아 믿음과 사랑과 희망으로 연합된 자의 공동체이며, 그를 머리로 하는 몸으로서 그의 부활로부터 세계 종말까지 이 역사 안에 살면서 선교의 사명을 수행하는 주체"²⁶¹이다. 그것은 사도신경이 고백한 대로 하나의 거룩한 사도 전승의 교회이다. 교회는 지역적·신학적 요인으로 여러 형태로 존재할 수 있으나 그리스도의 몸이 하나이기 때문에 교회는 하나이다.

---

258 Ibid., p. 36.
259 Ibid., p. 36.
260 박봉랑, "기장 신앙 고백선언서의 신학", 세계와 선교 참조.
261 "신앙 고백 선언서", 기장-연혁, 정책 선언서-, pp. 36-37.

따라서 교회는 세상과 구별되나 세상에서 분리되지는 않는다(요 17:11). 그리스도가 세상에 오셔서 사람을 위하여 목숨을 버리기까지 하신 것처럼 교회도 세상에서 그리스도와 함께 일한다.**262** 이는 또 세상을 섬기는 교회, 타자를 위한 교회론의 반영이기도 하다.**263**

즉 교회의 거룩은 교회가 세상을 떠나는 데 있는 것이 아니라 세상에서 일하며 세상을 변화시키는 데 있다. 그리고 사도적 전승의 모체와 기준은 교회의 역사적 형태나 전통이 아니라 그리스도를 바로 증거하는 성서의 말씀이다.**264** 따라서 교회의 기능은 말씀의 선교와 성례전의 집행에 있다. 그것은 사랑의 기초를 가지고 생활 윤리를 가르치고 세상에서 하느님 나라를 실현하기 위하여 봉사의 생활을 하며 그리스도에 희망을 걸고 사는 공동체이다.

그러므로 교회의 사명은 선교에 집중된다. 선교는 그리스도가 교회에 준 부분이며(마 28:19-20; 행 1:8), 모든 민족을 찾아가 말과 행동으로 그리스도를 증거하고 세례를 베풀며 사람을 가르치라는 것이다.

선교는 또 환경과 시대에 따라 여러 모양으로 할 수 있다**265**고 지적하고 있다.

즉 선교는 한편으로 사람들이 모여서 말씀을 듣고 하느님을 찬양하며 다른 편으로 세상에 나가서 그리스도와 함께 일하는 것**266**이 그 본질적 선교라고 강조한다. 그러므로 선교에서는 가르침이 중요한 위치를 차

---

262 Ibid., p. 37.
263 본 논문 제3장 2절 참조.
264 신앙 고백 선언서, p. 37.
265 Ibid., p. 38.
266 Ibid., p. 38.

지한다. 선교는 인간이 변화하고 사회의 구조가 혁신되기 위한 것이며, 또 진리를 선양하며 세계를 바로 파악하기 위한 것이므로 교육적이다[267]라고, 지적하며 선교의 범위는 세계적이며 사회 전체를 상대해야 한다고 한다. 특히 오늘과 같은 다원사회에서 선교는 국가의 기관, 사회의 집단, 생업의 부면 등 각계각층에 대해 실시되어야 하고 교회에 손이 닿지 않는 모든 영역에 개척의 길을 닦아야 한다고 한다.

특별히 선교의 범위는 세계적이며 사회 전체를 상대해야 한다는 주장은 멕시코대회에서 선교지와 피선교지의 구분을 철폐하고 육대주가 다 선교지라 주장하며 교회의 이웃에서 "회중의 증거"를 진지하게 다루며 선교는 곧 사회 정의의 실현에 참여하는 데 있다는 사상을 반영하는 것이기도 하다.[268]

그리고 선교의 때도 제한이 없으며 "때를 얻든지 못 얻든지"(딤후 4:2) 선교의 시대는 인간 역사의 종말까지 계속되어야 한다고 한다. 따라서 선교의 방법은 다양하며 상대적이고 유동적이다.[269] 선교에는 유대인에 대해서는 유대인과 같이 되고 이방인을 위해서는 이방인과 같이 되는 정신이 필요하다(고전 9:19-23). 여기서 유의할 점은 선교에 있어서 개인 단위의 선교는 기본적 방법임을 확인하면서도 그러나 인간은 사회구조를 이탈한 개인으로 존재할 수 없으므로 전체로서의 사회에 그리스도를 증거할 방법을 찾아야 한다고 강조하고 있다.[270]

즉 세상을 그리스도에게 접촉시키고 변질시키려면 고정된 관념에 사

---

267 Ibid., p. 38.
268 본 논문 제3장 1절 6을 참조.
269 Op. Cit., p. 39.
270 Ibid., p. 39.

로잡히지 말고 새로운 사회 국면에 대하여 성육신의 정신과 사랑의 실천에 철저해야 한다는 것이다. 이상에서 살핀 바와 같이 본 신앙고백서는 교회의 선교적 사명으로서 "하느님의 선교"(Missio Dei)라는 표현은 사용하지 않았지만, 교회의 신앙고백을 통하여 그 신학적 방향과 선교적 과제 수행에 있어서 "하느님의 선교" 신학의 개념을 깊이 수용하고 있음을 보게 된다.

즉 하느님은 말씀과 성례전을 통해서만이 아니라 역사에서 과학과 기술, 정치와 경제, 학문과 예술을 통하여 하느님 나라에 봉사하고 역사 안에서 일어나는 사건을 통하여 새롭게 말씀하신다는 주장이다.

교회는 이 모든 사건 속에서 역사의 주인이신 하느님의 행동을 보고 끊임없이 말씀을 들어야 하며 복음 선교를 통하여 모든 사람을 불러 회개케 하고 하느님의 미래를 제시해야 한다.[271] 그러므로 선교의 범위는 세계적이며 사회 전체를 포함하는 것을 뜻한다.

8) 역사와 종말 ;

예수 그리스도의 생애와 죽음과 부활에서 하느님 나라는 역사 안에 왔다. 그것은 완전한 윤리나 이상적 사회라기보다도 죽은 자를 다시 살리시고 성령 안에서 누리는 정의·평화·기쁨이다(고전 4:20; 롬 14:17). 인간의 역사는 하느님의 나라에 참여함으로 새로운 의미가 있다. 역사의 과정이 그대로 하느님의 나라가 아니지만, 역사의 진전과 위기들에서 하느님 나라의 표징을 볼 수 있다(막 8:11-12)는 것이다.[272]

하느님의 나라는 우리 안에 와 있다. 겨자씨 비유와 누룩 비유에서와

---

[271] "신앙 고백 선언서", 기장-연혁, 정책 선언서-, p. 39.
[272] Ibid., p. 40.

같이 그것은 역사 안에서 자라가며 퍼져간다.

하느님의 나라는 믿음과 희망으로 그리스도와 함께 하느님 안에 감추어져 있으나(골 3:3) 그것은 삶의 새로운 힘으로서 역사를 변화시킨다. 그러므로 그리스도인은 현실 역사 안에서 정의와 사랑과 평화를 수립하는 데 적극 참여해야 한다. 따라서 그리스도인은 사회의 제도적 개선, 조직의 민주화, 법제도의 개혁, 자유와 정의 수립, 비인간화를 막는 일에 적극 참여해야 한다는 것이다.[273] 그리고 그리스도인은 믿음과 희망을 통하여 장차 올 "새 하늘과 새 땅"을 이 세상에서 부분적으로나마 보면서 산다. 그러므로 우리의 평화는 투쟁 속에 있으며, 우리의 생명은 죽음의 그늘에 있고, 우리의 기쁨과 감사는 눈물과 고통이 함께 있으며, 우리의 희망은 반그리스도적 세력의 위협을 받는다.[274] 그러나 그리스도인은 그 마지막 때의 승리를 믿으며 죄의 용서와 몸의 부활과 영원한 삶이 있음을 믿는다[275]고 고백하고 있다. 이렇게 하여 본 신앙고백선언서는 1972년을 기장 교단이 그 당시의 시대적 상황을 의식하며 그 믿는 바를 고백한 문서로 삼았다.

이상에서 살펴 온 바와 같이 본 신앙고백서는 무엇보다도 오늘의 교회가 사명을 수행해 가는 데 있어서 중심적인 과제들을 찾아 그 믿는 바를 고백함으로 신도들의 신앙생활을 훈련하기 위한 목적이다. 그리고 그 기본 구조는 그 주제가 보여주듯 말씀이 육신이 되신 성육신(요1:14)에서 이해하며 빌립보서 2장 5-8절에서 그 중심을 삼고 있다.

이는 곧 우리의 신앙이 오늘의 현실과 삶의 현장 속에서 성육신의 신

---

[273] *Ibid.*, p. 41.
[274] *Ibid.*, p. 41.
[275] *Ibid.*, p. 41.

앙으로 살아가기 위함이다. 따라서 본 신앙 고백서의 특징은 다음 몇 가지로 요약할 수 있다.

첫째, 본 고백은 기독교의 모든 전통적 신앙고백의 기본 틀에서 이탈하지 않고 역사적 신앙을 계승한 점이다. 특별히 개혁교회의 신학적 전통을 이어받고 있다는 점이다.

둘째, 오늘의 시대적 상황과 한국이라는 컨텍스트가 전체를 통하여 나타나게 하려는 점이다.

셋째, 에큐메니컬적인 성격이다.

4. 선교 정책

기장 교단은 1973년 제58회 총회에서 〈선교 정책〉을 채택하며, 선교하는 교단의 자세와 결의를 갖추게 되었다.

이 선교 정책의 내용은 '서론-본론-결론'으로 구성되어 서론과 결론은 아주 짧고 본론은 6항에 달하는 긴 내용으로 되어 있다.

본 선교 정책은 서문에서 7, 80년대와 21세기를 바라보며 당면한 선교적 상황을 다음과 같이 지적하고 있다.

급속도로 발달하는 산업구조의 변천에 따라 인간은 생산과 기능의 기계로 되어가고 폭발적인 인구 증가로 말미암아 인간의 의식주와 기본 문제를 비롯하여 생산 전반에 걸친 위기에 직면하게 되었고, 제3차 산업의 강화로 인간은 치명적인 공해의 위기를 안고 있을 뿐 아니라 자연은 추해지고 모든 삶의 자원은 고갈을 면치 못하게 되었고, 물질주의와 개인주의의 팽창으로 말미암아 이웃도 없고 대화도 단절되고 모든 가치관이 뒤집어지는 혼란과 만물의 창조주이신 하느님과의 거리는 넓어져 실질적인 무신론의 세계가 우리 주변에서 이루어지고 있다. 특히 오늘의 한국 교회는 신앙고백과 사회 행동의 자유가 억압되고 침묵의 지혜"(암3:13) 조차 가질 수 없는 부자유한 선교 상황에 직면하게 되었다[276]고 표현하고 있다. 이와 같은 선교 상황에서 교단의 선교 과제를 설정하기 위해서 본론 제1항 '우리의 반성'에서는 교단으로서의 장점과 약점을 열거하고 있다. 먼저 장점으로는 "근본주의 신학에서의 해방" 교회 일치 운동에 앞장 서 온 것", 그리고 "새로운 신앙 형태의 개발"을 들고 있으며, 교단의 약점으로는 "신앙 자세의 혼란과 선교 이념의 혼란을 지적하고 있다.[277]

제2항 '선교의 정의와 신학'에서는 교단의 존재 이유를 선교와 결부시키며 한국 백성에게 예수 그리스도를 알려 예수로 인하여 새사람 되고, 하느님의 백성이 된 자의식에서 이 나라를 하느님의 나라로 만드는 일이 곧 선교라고 정의한다.

즉 선교는 인간 영혼과 역사와 문화의 심장부에 그리스도의 복음이 꽂히게 하는 것이라고 집약했다.[278] 이렇게 정의한 선교개념은 종래의 선교개념처럼 선교를 개인 전도와 교회 확장으로만 생각지 않고 "하느님의 선교"에 참여하는 일임을 다짐하고 있다.[279]

이는 곧 선교가 하느님의 구속 의지를 펴가는 일임을 지적한 것이며 교회가 하느님의 선교를 위해서 부름을 받은 공동체임을 알게 해야 한다는 것이다.[280] 즉 교회는 하느님의 선교에 참여하는 도구인 동시에 그 자체가 하느님의 선교의 장(場)이라는 점이다. 그러므로 대내적으로는 교인

---

[276] "선교정책", 기장-연혁, 정책 선언서-(기장총회 발행), pp. 48-50.
[277] Ibid., pp. 50-51.
[278] Ibid., p. 53.
[279] Ibid., p. 53.
[280] 박근원, Op. Cit., p. 51.

들이 그리스도의 제자직(discipleship)을 충분히 감당할 수 있는 신앙적 훈련의 도장이 되어야 하고 대외적으로는 교회가 위치하고 있는 지역사회를 포함한 모든 세계 즉 구체적인 현실 세계 속에 있는 인간, 역사, 문화 등의 핵심부에 복음을 대면케 하고 침투시킴으로 교회는 하느님의 하시는 일에 복종적으로 참여한다는 것이다.[281]

이러한 선교적 의식은 '복음의 전체적인 것이며 이런 복음을 전하는 데는 또한 전체적 준비가 필요하다'[282]는 자각이기도 하다.

제3항 '선교의 과제'에서는 위에서 선교의 신학이 교회가 처한 선교 현장에서 무엇을 요구하고 있는지를 밝히고 있다. 여기서는 선교 현장에 따라 선교 과제가 달라져야 한다고 전제하고, 3가지 선교 현장을 들어 설명하고 있다.

첫째로, "급속하게 변화하는 오늘의 선교" 과제로서 다음 네 가지를 지적하고 있다.

(1) 농민에게 알맞은 생활 철학을 알려주어 도시로 몰려가는 대신 그곳에서 새로운 윤리를 창조하고 자연의 아름다움을 간직해야 한다.
(2) 어려운 여건 속에서도 가난을 극복하고 비인간화를 극복할 수 있는 창의적이고 협동적인 생활을 고취한다.
(3) 하느님으로부터 받은 자연을 아끼고 보호하도록 가르쳐야 한다.
(4) 농어촌 교회는 교회주의 경쟁을 경계하고, 무교적인 광신 자세를

---

[281] 이계준, 한국교회와 하느님의 선교(서울: 전망사), p. 15.
[282] 손봉호, '선교와 사회정의' 현대 정신과 기독교적 지성(서울: 성광문화사, 1981), p. 272.
[283] "신앙고백서", 기장-연혁, 정책 선언서-, pp. 55-57.

시정해야 한다.283

둘째로, "도시 선교의 과제"로서 다음 5가지를 열거하고 있다.

(1) 근대화, 도시화 그늘 밑에서 소외당한 이웃을 위해 노력한다.
(2) 현 사회구조 속에서 기본 권리와 자유를 빼앗긴 억울한 사람들을 대변해 주어야 한다.
(3) 자본주의와 결탁한 권력 구조 속에서 예언자적인 사명을 다해야 한다.
(4) 인간의 문화적 노작들은 가능한한 기독교적인 것이 되게 한다.
(5) 지역사회와 주민들을 위해 관심을 두고 일해야 한다.284

셋째로, "특수 선교"의 과제로써 오늘의 사회 구조에 따른 다원 선교를 전제하며, 군대사회, 산업사회, 학원사회, 교도소 등을 선교의 현장으로 설정하고 우리의 선교가 교회선교, 교구선교로만 멎을 것이 아니라 오늘의 다원사회의 요청인 특수과업을 감당함으로 우리의 선교가 온 겨레를 위한 선교가 되도록 해야 한다고 강조하며 이는 곧 하느님의 선교에 동참하는 것이라고 덧붙이고 있다.285

제4항 "선교구조의 재정비"는 기장의 교단이 이상과 같은 선교 과제를 수행하기 위해서 선교구조가 재정비되어야 함을 역설하고 있다. 그리고 선교구조가 재정비되어야 할 내용을 4가지로 들고 있다.

(1) 만인 제사론의 구체화로서 모든 신도를 선교요원화해야 한다.
(2) 개교회주의를 극복하고 지역사회에 대한 기독교적 관심을 두는 교회가 되어야 한다.
(3) 신조와 교리에 대한 율법적 강조보다 오늘의 산업사회에 알맞은

---

[284] Ibid., pp. 57-58.
[285] Ibid., pp. 58-59.

새 신앙 자세를 개발해야 한다.

(4) 모이는 교회구조가 흩어지는 교회의 구조로 바뀌어야 한다.[286] 이러한 선교 구조의 재정비의 문제도 결국 뉴델리대회와 멕시코대회의 반영을 나타내는 것이기도 하다.[287]

제5항, "힘의 개발과 동원"에서는 무엇보다도 선교 의욕의 고취를 강조하고 신학교육도 선교를 위한 교육이라야 하며 우리의 선교 정책에 부합하는 것이 되어야한다고 한다. 그리고 오늘의 지대한 선교 과업은 교역자들만의 힘으로는 불가능함으로 평신도들의 인적, 물적자원을 개발하는 것이 시급함을 지적하고 있다.[288]

제6항 "지도자의 질적 향상"은 거교단적인 선교 과업을 수행하기 위하여 계획성 있는 지도자 양성이 요청되고 있음을 지적하고 있다. 이를 위해 교단 신학교와 총회 교육부 및 교회 안의 각종 교육기관이 선교 정책을 위한 노선에서 서로 유기적인 관계와 협조 사항을 강조하고 있다. 그리하여 교단의 지도자 양성은 교회의 선교 현장에 적응할 수 있는 지도자를 양성하는 데 치중할 것을 다짐하고 있다.[289]

그리고 결론 부분에서는 하느님이 이 땅에서 이미 시작하신 선교에 우리가 동참한다는 것은 영광과 고난의 길임을 강조하며 그 옛날 이스라엘이 40년의 광야 길에서 저들의 대열을 정비하고 새로운 계획을 세워 가나안을 향해 가듯 우리도 선교 전선의 정비를 계속함으로 선교 의욕을 불일 듯 일으키고 일치된 선교의 용어와 일사불란의 계획성 아래 교단의 선

---

[286] 박근원, "기장의 선교정책", 세계와 선교 66호(서울: 한신대학, 1978), pp. 46-47.
[287] "선교정책", 기장-연혁, 정책 선언서-, pp. 59-60.; 본 논문 제3장 1절 6을 참조.
[288] Op. Cit., pp. 63-64.
[289] Ibid., pp. 66-67.

교 과업을 성취해 갈 것을 선언하고 있다.²⁹⁰

따라서 한국기독교장로회 교단은 교회 속에 세계라는 도식에서가 아니라 세계 속에 교회라는 도식을 수용하며, 세계가 교회를 위해서 있는 것이 아니라 교회가 세계를 위해 있음을 강조한다. 이는 곧 "Missio Dei" 신학에서 언급한 선교 개념의 수용인 동시에 교회와 세계의 관계를 반영하는 것이기도 하다.

이상에서 기장의 4대 문서를 간략하나마 살펴보았다. 우리는 지금까지의 고찰에서 기장의 4대문서가 담고 있는 선교 신학과 정책이 에든버러 이후 좀 더 구체적으로는 빌링겐대회 이후 뉴델리와 멕시코 그리고 웁살라에 이르는 W.C.C.의 선교신학 및 교회갱신 운동과 그 맥락을 같이하고 있음을 쉽게 알 수 있다.

따라서 기장의 4대문서의 특징적인 성격은 에큐메니컬 신학이 다분히 상황적 현장 신학(Contextual Theology)에 한정되어 있듯 상황적 현장 신학에 제약된 듯하다. 동시에 우리의 사회 이념도 사회변동 자체가 주도하는 사회의 이념이 되어 있는 듯하다.

---

290 *Ibid.*, pp. 67-68.

제4장 선교론에 대한 성서적 근거

기독교 신앙과 생활에 있어서 부정할 수 없는 진리는 곧 하느님 자신이 예수 그리스도가 되사 인류 역사에 친히 나타나셨다고 믿는 것이다. 하느님 자신 예수 그리스도가 우리 인생을 구원하시기 위하여 세상에 오셨다는(요 3:4; 행 4:12; 고후 5:19) 사실은 움직일 수 없는 기독교의 신앙이요 주장이다. 이는 또한 역사적 기독교의 중심 사상이다.[291]

2천 년의 기독교 역사는 한편, 이 기독교 선교의 역사이기도 하다. 이 선교의 역사에서 분명히 얻어지는 교훈의 하나는 복음 선포를 위한 선교가 위협을 당하고 질식해 갈 때마다 언제나 성서 말씀의 근원에 돌아와서 새 생명력과 활력을 찾았다는 사실이다.[292]

기독교 선교는 하느님의 말씀으로서의 성서에 깊이 뿌리를 박고 있다. 그런데도 "지금까지 성서신학과 조직신학은 선교의 관점에서 보다 신학적 입장에서 성서를 연구"[293]하는 학문적 노력에 치중해 왔다.

그러나 최근에 이르러 전 세계적으로 선교적 제문제를 둘러싸고 심각한 논쟁의 대립과 갈등에 직면하면서, 신구약 성서를 선교적 관점에서 조명하는 경향이 활발히 나타나 나고 있다.

한국 교회도 70년대 이후 선교론을 중심으로 하여 많은 문제가 제기되었다. 복음화이냐, 인간화이냐, 개인구원이냐, 사회구원이냐, 개종이

---

[291] The Interpreter's Bible, Vol. 1. (New York: Abingdon Press, 1952), p. 5.
[292] 루터(Luther)의 종교개혁운동이나 칼빈(Calvin)을 중심한 개혁운동은 성서에 대한 근원적인 복귀와 재발견에서 출발한 운동이었다.
[293] 전호진, 논문 "성경의 선교론"

냐, 정의와 사랑의 실천이냐, 구속이냐, 해방이냐 등의 문제이다. 물론, 어느 한 문제도 쉽고 단순한 문제는 아니다. 그러나 우리가 여기서 분명히 밝히고 경계해야 하는 것은 오늘날 인간이 이룩한 사상과 바벨탑이 하느님의 말씀의 자리를 차지하려는 교활한 세속주의적 풍조이다.

고도로 발달한 인간학과 사회학이 사람들이 채 의식하기도 전에 하느님의 말씀을 대치시키고 신학을 침식하려는 경향을 단호히 경계해야만 한다.

하느님의 말씀으로서 성서의 진리는 사람들이 자기 편의에 따라 임의로 혹은 그때그때의 지배적인 세계관이나 정치적 이데올로기의 변화에 따라 좌우될 수는 없다.

따라서 성서의 말씀을 비판적인 학문적 방법에 따라 분석하고 재구성하므로 마침내 인위적인 해답을 찾아내려는 온갖 인간적인 의도도 경계하여야 할 것이다.

한국기독교장로회가 사회선언서에서 "성서는 오늘의 사회질서와 체제를 비판하고 해석하는 유일한 근거임"[294]을 선언했을 때 이 선언은 오늘의 사회질서나 체제의 편의에 따라 성서를 보자는 것이 아니라, 성서의 빛 아래서 즉 성서의 진리 조명 아래서 오늘의 사회질서를 비판하고 해석하자는 점에서 정당하다. 우리는 누구나 자기가 생각하는 복음 선교의 제일선에 서기 전에 하느님의 말씀으로 우리의 무딘 연장을 예리하게 만들어야만 한다.

우리는 오늘의 선교적 제 난제를 자유롭고도 활발한 토론과 연구를 계속하되 성서에서 이탈하지 않고 그 궁극적 해답과 모형은 언제나 성서의 전체적인 말씀에서 그 뿌리를 찾아야 한다.

---

[294] "사회선언지침", 기장-연혁, 정책 선언서-, p. 75.

그것은 신학의 모든 분야에도 해당하는 것이지만 근본적으로 성서는 선교적 문서이기에 성서의 접근을 통해서만이 문제 해결의 근원적인 길이 마련되기 때문이다.

제1절 선교의 구약성서적 근거

1. 구약에 나타난 선교 개념의 기초

구약의 선교론에서 중요한 문제는 구약에도 타 문화권 전도라는 관점에서 선교가 있느냐 하는 문제이다. 이와 같은 문제에 대해 헐버트 케인(J. Herbert Kane)은 그의 저서인 《기독교 선교의 성서적 입장》의 제1부 〈선교의 성서적 기초〉에서 선교의 정의가 어떠하냐에 달려 있다고 지적하면서 만일 선교를 정치적·문화적 경계선을 넘어서 유일한 참 하느님의 메시지를 그분을 모르는 자들에게 전달하는 것으로 이해한다면 요나의 경우를 제외하고는 구약에서 선교에 대하여 별로 찾아볼 것이 없다[295]고 말한다.

그러나 선교의 개념이 구약에 없다는 것은 아니다. 실상 그 개념은 구약에서 충분한 근거를 찾을 수 있는 보편주의(Universalism)에 노골적으로 나타난 것은 아니나 암시적으로 나타나 있다는 견해이다.[296]

---

[295] Herbert Kane, "선교의 성서적 기초"(The Biblical Basis of Missions), 선교의 성서적 기초, 김명혁 편역(서울: 성광문화사, 1983), p. 43.

[296] Ibid., p. 43.

[297] 개혁주의 신학자 헤르만 바빙크(Herman Bavinck)의 조카. 그는 한때 인도네시아에서 선교사로 활동했으며, 화란 브라야 대학(Vrije Univ.)의 선교학과를 창설한 저명한 선교학자이다.

화란의 선교학자 바빙크(Johannes Bavinck)[297]는 그의 《선교학 입문》에서 언급하기를 구약에서는 이방 세계가 항상 이스라엘에 위협과 유혹을 가하는 것으로 묘사되어 이스라엘이 이방 종교들에 쉽게 매료되어 주변 나라들의 우상을 섬겼던 역사적 사실 때문에 이방인들과 이스라엘 사이에는 적대와 분리의 장벽이 있었다. 이러한 역사적 사실에서 구약에서는 선교 개념의 기초를 전혀 찾아볼 수 없는 것처럼 보인다.

그런데도 구약을 더 자세히 보면 열방의 장래가 최대의 관심사로 등장하고 있음을 분명히 볼 수 있다.[298] 즉 이방 열국들이 장차 구원을 얻으리라는 주제가 구약 첫 페이지부터 마지막까지 펼쳐져 있으며 하느님의 구원 계획이 전 세계에 관계된 것으로 나타나 있다[299]고 한다.

미국 기독교 개혁파의 Richard R. De Ridder는 그의 논문 "Discipling the Nations"에서 구약의 선교를 생각하지 않고는 신약의 선교는 불가능하다고 함으로서 선교에 있어서 구약과 신약의 연속성을 주장한다. 리더(Ridder)에 의하면 유대인들은 처음부터 구약의 사상은 복음이 전 세계에 확산하여야 하는 보편성의 성격(Universality)을 인정했으나 인송과 민족석 편견 때문에 실천으로 옮기지 못했다. 그러나 구약이 의도한 복음의 우주적 성격을 실천으로 옮긴 이는 예수 그리스도라고 하였다.[300] 따라서 구약이 없는 신약은 불가능하듯 선교에서도 선교의 대사명은 하루아침에, 하늘에서 떨어진 것이 아니라 구약의 연속임을 분명히 해야 한다.

그러므로 성서의 선교론을 연구하는 데 구약은 결코 무시할 수 없는

---

298 Johannes Bavinck, "선교의 성서적 기초", Ibid., pp. 9-10.

299 Ibid., p. 10.

300 전호진, "성경의 선교론", pp. 10-11.

301 Ibid., pp. 11-12.

영역이다.[301] 물론 구약의 선교 동기는 이방인 가운데서 이스라엘 백성이 되거나 유대 종교로 개종한 사람들을 상대로 하는 제한성을 가지고 있다. 즉 이스라엘 백성의 선택 사상과 특수주의(Particularism)가 그들의 선교의 개념에 중요한 골자를 이루고 있다. 그러나 반면에 그들의 예언 종교에서는 이사야서와 같이 세계주의(Universalism) 선교 사상이 없지 않다.[302]

선교의 세계주의는, 실은 예언자 시대보다 훨씬 이전부터 즉 세계 창조 시대 혹은 이스라엘 백성의 선사시대(先史時代)부터 있었다.[303]

이제 구약에 나타난 선교의 기초를 다음과 같이 요약하여 살피기로 한다.

(1) 성서는 전 세계가 하느님의 피조물임을 지적하고 있다. 따라서 땅 위에 거하는 모든 인간이 하느님의 피조물이라는 사실은 선교의 원리 중 가장 심오하고 기초적인 원리가 된다는 것이다.[304] 이런 의미에서 성서는 그 시발부터 세계적이요 에큐메니컬적이며 선교적(Universal, ecumenical and missionary)이었다고 할 수 있다.

창세기와 연관하여 사도행전 17장 26절의 인류를 한 혈통으로 만드셨다는 말씀은 선교 분야에 있어서 깊은 의미를 지닌다. 즉 하느님이 만물의 창조주이시며 전 세계는 하느님의 피조물이라는 이 사실은 선교의 가장 기초적인 토대가 된다.

(2) 하느님이 전 세계의 창조주이시라는 사실은 필연적으로 그가 전

---

302 이장식, "현대 교회학"(서울: 대한기독교서회, 1974), pp. 294-295.
303 Ibid., p. 295.
304 Bavinck, Op. Cit., p. 10.
305 Ibid., p. 10.

세계의 통치자임을 시사한다.[305] "땅과 그 안에 가득 찬 것이 모두 다 주님의 것, 온 누리와 그 안에 살고 있는 모든 것도 주님의 것이다."(시 24:1), "주님은 하늘에서 굽어보시며, 사람들을 낱낱이 살펴보신다."(시 33:13)

여기서 한가지 딛고 넘어가야 하는 것은 피조물의 하나라도 그것이 아름답거나 위대하거나 신비하다 해도 피조물의 위치를 떠나 창조주의 위치로 승격할 수 없다는점이다.

우리가 하느님께 영광을 돌린다는 것은 인간의 소속을 명백히 밝힘으로 하느님께서 인간의 감찰자와 보호자가 되신다는 것이기도 하다.[306] 따라서 하느님은 이방인이라하여 그의 의로운 통치로부터 제외한 것이 아니라 그들에게도 그분의 통치에 대한 복종을 요구하셨고 복종하지 않으면 그것에 대한 책임을 추궁하셨다.

창조 사상은 세상에 하느님의 주권을 선포해야 할 선교의 기초이다. 시편의 사상을 선교적 관점에서 논한다면 하느님의 영광의 선포이다.[307]

이상에서 선교의 근거는 보편성(Universal)이며, 마태복음 28장 19-20절 지상명령의 불가결한 근거가 된다고 바빙크(Bavinck)는 주장한다.[308]

(3) 이스라엘의 구별은 만민에 대한 관심을 배제한 것이 아니라는 점이다.[309] 그것은 일시적인 구분으로서 하느님의 구원 계획상 필요한 것이었으나 때가 차면 폐지될 것이었다. 아브라함이 우르에서 소명을 받고 나올 때도 아브라함 속에서 만민이 복 받을 것이라 하였다(창 12:3). 이는 곧

---

[306] 김정준, 시편 명상(1)(서울: 대한기독교서회, 1978), p. 116.
[307] 전호진, "성경의 선교론", pp. 15-16.
[308] Bavinck, *Op. Cit.*, p. 10.
[309] *Ibid.*, p. 11.
[310] 이종윤, 창세기 강해(서울: 충현출판사, 1982), p. 56.

약속의 씨와 약속의 땅에 대한 축복이다.[310] 이러한 축복의 약속은 아브라함의 씨와 관련하여 더 강력하게 반복되었다(창 22:18). 이스라엘의 구별이 일시적이라는 사실은 이방 구원에 관한 예언의 씨앗이 되었다.

(4) 여호와께서 이스라엘과 맺은 관계는 이교 국가들처럼 동일시의 관계가 아니라 언약 관계였다.[311] 여호와께서는 자기 백성을 정죄하고 대적에 넘기고 진노하여 질병과 기아로 괴롭히고 타민족의 압제 밑에서 오랫동안 신음하게 하는 등 자기 민족을 징계하셨으나, 여호와 자신은 결코 패배당하지 아니하셨다. 오히려 자기 백성이 곤고에 빠질 때 그는 이스라엘의 거룩하신 자로 드러났으며 자기 백성을 대대토록 측량할 수 없는 성실로써 인도하시는 분으로 스스로 입증하셨다.

선교 활동은 이러한 언약의 개념 안에서만 가능하다.[312] 그러나 여기서 우리의 주의를 환기하는 것은 이스라엘의 특권은 전적으로 하느님이 선택하는 은총에 기인한다는 점이다. 즉 그들의 선택은 그들이 이방 민족들보다 나은 표적이 아니라 다만 더 큰 책임과 더 큰 영광을 지녔다는 것 뿐이다.

헐버트 케인(Herbert Kane)은 하느님께서 이스라엘을 선택하신 목적에 대하여 세 가지 점을 지적하고 있다.

첫째, 이스라엘은 세상에 대한 하느님의 특수계시의 수령자임과 동시에 보존자가 된다는 점(히 1:1-3). 둘째, 이스라엘은 "구속자"가 인류 역사의 흐름 속에서 들어 오실 통로가 될 것이며, 구속자가 아브라함의 자손(마 1:1), 유다의 족속(창 49:10), 다윗의 가문(롬 1:3)에 속한 자라는 점. 셋째, 이스라엘은 열국 가운데 하느님의 종(사 44:1-2)과 증인(사 44:10)이 된

---

[311] Bavinck, *Op. Cit.*, p. 11.

[312] *Ibid.*, pp. 11-12.

다는 점이다.[313]

일반적으로 선택은 특권과 우월성을 주는 것으로 간주하기 쉬우나 이스라엘의 선택은 엄밀하게 열국을 향한 하느님의 계획이며 하느님의 선교의 부분이요 단편이었다.

즉 이스라엘의 선택은 그 자체가 목적이 아니라 목적을 위한 수단이었다. 하느님은 이스라엘 자체를 위하여 선택하신 것이 아니라 세상을 위하여 선택하셨다. 선택의 목적은 특권을 주는 데 있는 것이 아니라 책임을 부여하는 데 있었다. 따라서 선택의 목적은 봉사이며, 봉사가 이루어지지 않을 때 선택은 그 의미를 상실하여 실패하고 만다.[314]

우리는 이스라엘의 후기 역사로부터 바로 그러한 현상을 찾아볼 수 있다. 이스라엘은 불신앙 때문에 거절당했고 극히 작은 '남은 자'만이 살아남았다(사 1:9; 롬 11:5). 하느님은 이스라엘의 역사적 사건 속에서 그의 팔을 온 세계에 펴셨다.

이상과 같은 관점에서 보편주의는 하느님의 범세계적 목적과 관계되어 있고 특수주의는 하느님께서 그것을 성취하시는 방법과 관계되어 있다고 할 수 있다.[315]

⑤ 이스라엘은 그들의 모든 사건을 하느님 중심적으로(theocentrically) 체험했다.[316] 이스라엘을 하나의 민족으로 구원한 역사적 사건은 물론 속박의 집 애굽으로부터의 구원이었다(신 13:5). 출애굽이 이스라엘 역사상 가장 큰 사건이었던 것은 의심할 여지가 없다. 이 출애굽의 사건이 이스

---

[313] J. Herbert Kane, Op. Cit., p. 53.
[314] Ibid., pp. 53-54.
[315] Ibid., p. 51.
[316] Bavinck, Op. Cit., p. 13.

라엘에는 계시의 사건이었다. 이 사건은 이스라엘이 자연과 역사의 주체라는 신앙을 일깨워준 사건이다.[317] 그들은 이 출애굽 사건을 통하여 하느님께서 이스라엘과 함께하시며 그들과 함께하신다는 것을 체험했다. 그것은 하느님께서 영원토록 자기 백성을 이방 나라로부터 구별하셔서 그들을 자기의 특수한 보배(출 19:5)로 삼으시는 최고의 사건이었다.[318] 구약 전체에서 그것은 거듭거듭 언급되었다.

출애굽은 애굽에서 탈출해 온 사건으로 이스라엘과 애굽만이 관계된 것이었으나 거기에는 또 하느님의 범세계적인 목적이 있었다. 모세를 통해 바로를 경고하신 하느님의 경고를 살피면 그것을 분명히 알 수 있다. "내가 팔을 뻗어서 무서운 질병으로 너와 너의 백성을 쳤다면, 너는 이미 세상에서 사라졌을 것이다. 너에게 나의 능력을 보여 주어, 온 세상에 나의 이름을 널리 알리려고, 내가 너를 남겨 두었다."(출 9:15-16) 이는 곧 이방인에 대한 하느님의 자비와 계획과 기대를 보여주는 장면이기도 하다.

바울은 동일한 주제를 로마서 9장에서 전개하였다. 하느님은 자기 언약민을 두 가지 방법으로 다루셨다. 즉 은혜와 심판이 바로 그것이었다.[319]

이스라엘은 은혜에 있어서나 심판에 있어서 열국들에 증거가 되었다. 이와 같이 이스라엘은 온갖 역사적 사건들 속에서 하느님이 함께하심을 체험하며 하느님에게 만 관심을 두었다.

⑥ 여호와께 영광을 돌리도록 열방에 호소하는 시편의 많은 표현들도

---

317 문희석 편, 구약성서지침(서울: 대한기독교서회, 1978), p. 133.
318 Herbert Kane, *Op. Cit.*, p. 54.
319 *Ibid.*, p. 55.
320 Bavinck, *Op. Cit.*, p. 13.

다 이런 관련점에서 보아야 한다.³²⁰ "주님께서 다스리시니, 뭇 백성아, 떨어라. 주님께서 그룹 위에 앉으시니, 온 땅아, 흔들려라."(시 99:1), "만백성아, 손뼉을 쳐라. 하느님께 기쁨의 함성을 외쳐라."(시 47:1), 물론 이런 외침이 엄밀한 의미에서 선교적 선포는 아니라고 바빙크(Bavinck)는 말하면서도 이런 계속된 간증을 통하여 이교의 치명적 마력에 사로잡혀 있는 자들에 대하여 하느님께서 관심을 두고 계시다는 것과 이스라엘이 계속 전 세계 앞에서 살고 있다는 것을 상기시킨 것이라고 한다.³²¹

이스라엘은 포로 생활을 통하여, 전쟁의 쓴잔을 통하여 하느님께서 자기 이름을 이방 중에 알리신다는 것을 깨달았다. 다니엘은 포로 중에 바벨론과 페르시아 제왕들에게 여호와의 영광을 증거했고 어린 이스라엘의 소녀는 그 주인에게 이스라엘의 거룩한 자의 능력을 전해주었다 (왕하 5:1-6).

이상과 같은 여러 상황을 종합해 볼 때 구약에 나타난 하느님의 계시는 그 자체가 선교의 개념을 제시하는 근본 원리임을 알 수 있다. 즉 선교의 개념은 하느님 자신의 때가 완전히 찼을 때 더 명확하게 나타날 것이나 구약 사상 속에서도 그 원리는 분명히 찾을 수 있다.

2. 예언서에 나타난 구원의 약속과 선교

예언서는 이스라엘을 통하여 세상에 말씀하시는 하느님이심을 말해준다. 예언서에는 더 구체적으로 하느님은 이방인의 하느님도 되셔서 이방이 구원받을 것을 말함과 동시에 이스라엘의 특권에 상응한 책임을 다하지 못하므로 남은 자만 구원받을 것을 예고한다.³²²

---

321 *Ibid.*, p. 14.
322 전호진, *Op. Cit.*, pp. 43-44.

구약의 선교사상의 결정은 이사야 40장으로부터 50장에 나타난다. 그 중에서도 '수난의 종'을 노래한 42장 1-7절과 49장 1-7절 두 곳에서 구약 선교사상이 강하게 드러나 있음을 본다.

예언시대에 이스라엘의 입장은 여러 면에서 매우 곤란해졌다. 팔레스타인의 지리적 위치는 지중해 연안의 메소포타미아와 애굽 사이에 있는 상업의 요충지로서 대제국이 형성될 때마다 그들의 영토확장의 제물이 될 수밖에 없었다.

따라서 이스라엘의 영적인 독특성마저도 유지하기가 대단히 어려웠다.[323]

이러한 판국에 이스라엘의 영적 재산의 보호자들인 예언자들이 나타나 거듭 회개할 것을 호소했다. 예언자들은 언약의 백성인 이스라엘을 위협하는 이교 사상과 풍습의 침투를 목격하고 맹렬한 반기를 들었다. 영적인 독립이 없는 이상 이스라엘의 정치적 통일이란 아무런 의미가 없는 것이었다.

과연 이스라엘 주변의 세계 강국들에 대한 하느님의 목적이 무엇일까 하는 데 대한 대답을, 우리는 예언서에서 기대할 수 있다.[324]

엄밀한 의미에서 이스라엘의 영적 독특성을 점점 유지하기가 불가능한 상황 속에서 세계에 대한 하느님의 궁극적 계획은 무엇인가? 예언자들은 매 순간 그들의 의식 속에 부딪혀 오는 이런 문제들을 도저히 피할 수가 없었다. 우리가 예언서를 읽으면서 이런 문제점에 착안할 때 예언서에 나타난 선교사상은 다음과 같은 결론에 도달케 한다.

(1) 예언자 자신들은 하느님께서 새로운 시대로 접어들게 하시고 계신

---

[323] Bavinck, *Op. Cit.*, pp. 14-15.
[324] Bavinck, *Ibid.*, p. 16.

다는 사실을 인식하고 있었다.[325] 즉 하느님은 이스라엘의 하느님이실 뿐만 아니라 만민의 하나 님이시다.[326](사 2:1-4; 민 4:1-4; 사 25:6-9, 60; 슥 8:20 이하) 따라서 하느님이 구원하는 범위가 세계적임과 동시에 하느님의 심판도 전 세계적임을 말해준다(암 1:3-2:3).

예언시대에 시대적 특징의 하나는 문화와 정치 영역에서 광범위하게 대규모적인 단위로서 통합 작용이 진행하고 있었다. 작은 국가들은 이제 설 땅이 없었다. 여러 이민족의 종교 구조들 역시 상호 침투되어 동화되기 시작했다. 이렇게 되자 이스라엘의 선택 문제가 새로운 위기에 부딪히게 된 것이다.[327] 따라서 예언자들은 이스라엘에게 회개를 촉구하며 불신앙에 대한 무서운 심판과 아울러 이교 세계 강국들에 대한 무서운 심판도 선포했다. 그뿐만 아니라 그들은 그들의 메시지를 통하여 보편적인 구원의 약속을 전달했다.

(2) 구원 약속 성취의 첫째 조건은 이스라엘 자체의 진정한 회개였다.[328] 암흑과 무지속에 하느님의 무서운 심판을 겪었던 이스라엘이 마침내 완전히 변화될 것이다. 또한 이런 회개는 장차 올 메시아와 연관해서 이루어질 것이다.[329]

모든 예언이 거듭 메시아 중심으로 이루어졌으며 메시아는 임마누엘, 평화의 왕, 나뭇가지, 인자, 여호와의 종 등으로 지칭되고 있다.

때로는 능력과 영광으로 묘사되어 있으며 때로는 비천한 존재로 모형

---

[325] Bavinck, *Ibid.*, p. 16.
[326] 전호진, *Op. Cit.*, p. 44.
[327] Bavinck, *Op. Cit.*, p. 16.
[328] *Ibid.*, p. 17.
[329] *Ibid.*, p. 17.

도 형체도 없이 고난을 통하여 자신을 성취한다.

그는 다윗의 위대한 아들이요 장차 올 왕이요, 위대한 독자이다. 하느님이 만드신 새 언약의 비밀인 이스라엘의 영적 갱신이 단지 메시아를 통해서만 가능한 것이다.[330]

(3) 예언서는 이방 열국들의 심판에 언급하면서도 동시에 열국들의 구원을 묘사하고 있다. 바벨론과 아시리아와 애굽의 심판을 경고하는 마당에서도 예언자들은 그들에게 이를 구원을 보고 돌연 기쁨의 함성을 지르게 된다.[331]

예언서에 있어서 이러한 열방 구원은 언제나 자발적인 것으로 나타난다. 이스라엘 편에서의 선교 활동이 전혀 없을 것이라고 말한 것은 아니지만 이스라엘의 영광을 바라보고 열국이 이스라엘 속으로 물 흐르듯 자발적으로 흘러 들어올 것이 강조되어 있다.[332] "나 만군의 주가 말한다. 그 때가 되면, 말이 다른 이방 사람 열 명이 유다 사람 하나의 옷자락을 붙잡고 '우리가 너와 함께 가겠다. 하느님이 너희와 함께 계신다는 말을 들었다' 하고 말할 것이다."(슥 8:23) 이처럼 열국 백성은 자석에 이끌리듯이 이스라엘로 스스로 돌아오게 될 것이다.

신약은 사도들과 전도자들이 예루살렘으로부터 땅끝까지 밖으로 나아가는 점에서 원심적이라면 구약은 밖에서 예루살렘으로 들어오는 점에서 구심적이다. 순드쿨러(Bengdt Sundkler)에 의하면 구심적 선교사상이 구약에 나타난 이스라엘 선교의 중심 사상이라 한다.[333]

---

[330] *Ibid.*, p. 17.
[331] *Ibid.*, p. 18.
[332] *Ibid.*, p. 18.
[333] 전호진, *Op. Cit.*, pp. 46-47.

이러한 이방인의 자발적인 도래도 역시 이사야서에 가장 뚜렷이 나타나나 다른 예언서에도 나타난다. 그러나 이방인들의 자발적 도래의 중심은 예루살렘이다.

그러면 예루살렘의 영적 의미는 무엇인가? 그것은 더 이상 현재의 예루살렘이 아니다. 리더(De Ridder)가 지적한 것과 같이 그것은 지리적인 의미는 벌써 사라졌고 대신 예수 그리스도와 그의 교회를 의미한다. 예수 그리스도가 약속된 집합점이 된다.[334] 예레미야도 동일한 예언을 하였다. "그 때에는 누구나 예루살렘을 주의 보좌라고 부를 것이며, 뭇 민족이 그리로, 예루살렘에 있는 주 앞으로 모일 것이다. 그들이 다시는 자기들의 악한 마음에서 나오는 고집대로 살지 않을 것이다."(렘 3:17)

(4) 열국의 자발적인 행위가 하나의 종말론적인 사건임을 명시한다. 이사야 선지자는 예루살렘이 하느님의 백성이 모이는 위대한 집합지가 되는 것은 말일이라고 명시하였다. 그리고 요엘 선지자는 마지막 날에 만인에게 성령을 물 붓듯 부어주실 것을 예언했다(욜 2:28). 이런 점에서 예언자들의 메시지는 리더(De Ridder)가 말한 것 같이 교정적(Corrective)이요, 종말적이다. 종말적 관점에서 선교를 논하는 것이 현대 선교의 특징이기도 하다.[335]

선교의 사건이 종말적이라는 예언은 일차적으로는 예수님의 전도 활동에서 성취되었다.[336]

(5) 끝으로 이스라엘과 전 세계에 이르게 될 구원은 전 포괄적인 구원이 될 것이다. 그것은 하느님과의 화해, 사죄 및 무수한 다른 축복을 포함

---

[334] Ibid., p. 50.
[335] Ibid., pp. 51-52.
[336] Ibid., p. 53.

하는 구원이다(사 25:6-8).[337]

요컨대 구약의 예언자들은 열국들이 마지막 날에 메시아에 의하여 일단 패전을 겪은 다음 구원을 받게 될 것으로 내다보았다. 그때 열국들은 영적으로 다시 태어난 이 새로운 이스라엘로 온유하게 쏟아져 들어올 것이며 여호와의 산에서 경배할 것이다. 이 구원은 하느님에 대한 관계의 갱생과 은혜로운 칭의뿐만 아니라 전 생활의 영역을 포함하는 구원이 될 것이다.

이 위대한 구원에 있어서 이스라엘의 역할은 수동적이다.[338]

메시아가 나타나 이방 민족들의 반역을 깨닫게 할 것이며 그때까지 불명예의 치욕을 겪었던 하느님의 영광스러운 위대한 이름이 하늘과 땅에서 모든 이름 위에 찬란히 빛날 것이다.

3. 요나서에 나타난 선교의 의미

포로기 이후 유대인들과 이방인들 사이에 적개심은 점점 더해가고 있었다. 이스라엘에 이르러 율법주의는 그 절정에 달하였고 율법을 가지고 있는 백성의 우월성을 고조함으로 이방인들이 유대인보다 더 못한 것으로 생각되었다. 그뿐 아니라 유대인들은 하느님께서 택한 백성으로서 하느님의 은총을 독점하고 있으며 이방인들은 하느님의 자비와 보호밖에 있다고 생각했다.

그러나 유대인들 가운데도 이 편협하고 비타협적인 태도에 반대하는 사람들도 있었다. 하느님에 대한 깊은 이해와 신뢰가 유대인들의 이 독선적이고 자기중심적인 민족주의를 반대하고 이방인들도 하느님의 사랑과

---

[337] Bavinck, Op. Cit., p. 19.
[338] Ibid., p. 20.

자비의 대상이 됨을 깨닫게 하였다.

즉 하느님께서는 이방인들에게 복수하여 그들을 멸망케 하는 대신 유대인들을 하느님의 도구로 하여 세계 모든 민족에게 구원을 가져온다는 사상이 발달하였다. 우리는 이 요나서에서 유대인들의 두 가지 사상적 조류, 즉 민족지상주의와 세계주의적 사상이 반영된 것을 볼 수 있다.[339]

암스테르담 자유 대학(Free University of Amstertam) 선교학 교수인 요하네스 펠카윌(Johannes Verkuyl)은 그의 저서인 《현대 선교학》(Contemporary Missiology, 1978)의 제4항 "세계 선교에 대한 성서적 기초"에서 언급하기를 요나서는 선교의 성서적 근거를 이해하는데 매우 의미가 깊다고 지적하고 있다. 왜냐하면 그것은 이방 백성에 관해 자기 백성들에게 주신 하느님의 명령을 취급하는데 신약의 선교적 명령에 대한 준비적 단계의 역할을 하고 있기 때문이다. 또한 요나서는 이 명령이 하느님 자신이 택한 종으로부터 강력한 반항을 받고 있음을 보여주고 있다는 점에서 매우 중요하다고 하겠다.[340]

그런데도 구약의 선교론에서 미해결의 문제는 요나가 니느웨로 가라는 명령을 받은 것은 선교활동이냐 아니냐 하는 문제이다.

이러한 질문에 대하여 요나서의 전체적 내용이 우리에게 주는 회답은 구약의 어느 부분보다도 세계주의(Universalism)가 가장 뚜렷이 나타나 있으며 선교사상으로 넘쳐 있다는 사실이다.

미드라쉬(Midrash)는 여덟 개의 계속되는 장면을 내포하는데, 매 장면은 이방을 향한 하느님의 포괄적 계획을 거부하려고 하는 요나의 노력의

---

[339] 박대선·김정준·김찬국, 구약성서개론(서울: 대한기독교서회, 1960), pp. 255-256.
[340] Johannes Verkuyl, "세계 선교의 성서적 기초", 선교의 성서적 기초, 김명혁 편역(서울: 성광문화사, 1983), p. 180.

헛수고를 지적하고 있다.³⁴¹ 이 책의 제목은 억지로 끌려가는 선지자 요나의 개인적 이름을 사용하고 있다. 이 책의 저자나 이 선지자의 이름을 사용하는 것은 독자들에게 이방에 대한 선교적 마음을 전혀 갖지 않은 한 선교사를 묘사하기 위해서이다.

선교사 요나는 후대의 바리새인들처럼 이방인들에게 자비를 베푸는 하느님을 도저히 용납하지 못하는 선교사로 묘사되고 있다.

요나서에서 특별히 우리의 주의를 환기하는 것은 종족중심주의에 대한 경고를 내포하고 있는 요나서가 정경에 포함된 것은 기적적인 일이라 하겠다. 요나서는 하느님의 세계적인 계획을 방해하려는 인간적 기도를 잘 보여주고 있다.

이스라엘은 너무나 자기 자신에 집착되어 그의 눈을 세계로 향할 수 없게 되었다. 즉 하느님 계시의 수납자인 이스라엘은 다른 나라에 발을 들여놓기조차 싫어했고 다른 민족에게 하느님의 심판과 구원의 메시지를 전달하기를 거절했다.

그러나 우리는 요나서에서 이방나라 특히 세계 최대의 도시에 관심을 두시는 하느님이시며 이방인의 심판과 구원을 의도하시는 선교적 하느님의 모습을 볼 수 있다.³⁴²

요나의 간교한 회피 노력은 주님의 명령을 듣지 않으려는 게으르고 불충성한 오늘 교회의 모습을 드러내는 것이기도 하다. 하느님은 그들의 활동을 이스라엘 영토 내에 국한하려고 했던 이스라엘의 편협한 종족중심주의(ethnocentrism)와 싸워야 했고, 또한 하느님의 메시지를 선포하고 그의 일을 수행하기 위해 세계 속으로 뛰어 들어가기를 거절하는 교회중

---

341 *Ibid.*, p. 181.
342 전호진, *Op. Cit.*, p. 63.

심주의(ecclesicocentrism)와 싸워야만 했다.

이와 같은 관점에서 요나서는 신약시대 이전에 기록된 가장 중요한 선교활동이다.[343]

제2절 선교의 신약 성서적 근거

신약성서는 처음부터 끝까지 선교의 책이다. 신약이 성립된 것부터가 초대교회의 선교적 사역 때문이었다.[344] 그러므로 신약의 사복음서는 선교적 설교의 산 기록이며 사도행전은 선교적 교회의 역사와 모델이며 바울의 서신서는 복음을 철학적으로 혹은 교의학적으로 변호하려는 변증서가 아니라 생생한 선교의 기록이다.

지금까지 신학자들은 바울을 조직신학적인 변증가로 묘사하는데 더 많은 열을 올렸다. 그러나 바울은 그의 서신마다 예수 그리스도로부터 부름을 받고 이방인의 전도자로 세움을 받았다는 철저한 선교적 소명의식에서 출발하고 있음을 보게 된다.[345]

그러므로 오스카 쿨만(Oscar Cullmann)은 선교사업은 복음선교가 그리스도교적 행동의 특색있는 형태라고 지적한다. 왜냐하면 그것은 선교가 종말론적인 하느님의 구속 계획의 본질적인 요소라고 신념을 표현하고 있기 때문이다. 그리고 교회의 선교사업은 하느님 나라의 종말론적인 예상(foretaste)이며, 종말에 대한 성서적 희망은 행동에 대한 가장 예민한 자

---

343 Johannes Verkuyl, *Op. Cit.*, p. 182.
344 *Ibid.*, pp. 184-185.
345 전호진, "강의 노트, 신약의 선교", pp. 2-3.

극이 되기 때문이라고 언급한다.³⁴⁶

1. 사복음서에 나타난 선교

1) 예수의 종말론적 선교

복음서는 예수 그리스도의 기쁜 소식 곧 하느님 나라가 가까이 왔음을 선포하고 그 나라의 확장을 위한 그의 선교활동과 선교자로서 생애의 사건들을 기록하고 있다. 복음서 기자들은 구약에서 예언된 만민의 구원 사업이 예수 그리스도를 통하여 성취하게 된 것을 말하고 있다.

바빙크(Bavinck)는 말하기를 예수 그리스도의 전파사역이 시작되면서부터 나타난 형상은 예수께서 위대한 구원이 당장 이루어질 것을 기대한 것처럼 보인다는 점이라고 한다.³⁴⁷

마가는 예수 그리스도의 전파의 핵심이 "때가 찼다. 하느님의 나라가 가까이 왔다. 회개하여라. 복음을 믿어라."(막 1:15)는 데 있음을 밝혔다. 또 마태복음서 10장에 예수께서 제자들에게 말씀하시기를 "이 고을에서 너희를 박해하거든, 저 고을로 피하여라. 내가 진정으로 너희에게 말한다. 너희가 이스라엘의 고을들을 다 돌기 전에 인자가 올 것이다."(마 10:23)라고 하셨다. 그리고 마태복음서 16장 28절은 "내가 진정으로 너희에게 말한다. 여기에 서 있는 사람들 가운데는, 죽음을 맛보지 않고 살아서, 인자가 자기 왕권을 차지하고 오는 것을 볼 사람들도 있다."고 하였다. 이와 같은 말씀들은 다 예수께서 초기 사역 때부터 그 큰 구원의 신속

---

346 Oscar Cullmann, "Eschatology and Mission in the New Testament", ed by Gerald H. Anderson, pp. 42-43.
347 Bavinck, Op. Cit., p. 21.

한 도래를 기대한 것처럼 보인다.[348]

예수께서는 그 후에 그런 말씀을 그렇게 강한 용어로 표현하지 아니하시고 다만 그의 임박한 수난과 죽음에 대하여 자주 언급하셨다.

즉 하느님의 나라는 낡은 시대의 종말과 새 시대가 시작되는 것을 가리키고 있다.

그리고 이 새 시대는 하느님의 최후 구원과 심판 이전에 있을 중간시대 혹은 종말 시대이며 이제는 이 종말시대에 관한 최후의 선교시대에 들어간 것을 말한다.[349]

하느님의 나라는 실로 예수 그리스도 안에서 가까이 왔다. 예수 그리스도 안에서 하느님의 왕국은 이 세상 속으로 뚫고 들어왔다. 그 왕국의 징조들이 도처에서 나타났다. 그러나 그리스도의 임박한 수난과 죽음이 먼저 있기 전에는 이 왕국이 완전히 실현될 수 없었다.

예수의 후기 비유 가운데는 이와 같이 그 왕국이 완전히 나타나기 전에 중간기가 있어야 함을 시사하며 종말적 선교시대를 가리키고 있다.

즉 잔치를 베풀어 놓고 손님을 청한 주인이 나중에는 길가에 나가서 아무나 청하며 영접한 비유(눅 14:15-24)이다. 모든 것은 준비되었으나 집에 손님들이 채워져야 잔치가 시작될 수 있을 것이다. 여기서 잔치가 시작되기까지의 기간이 소위 중간기간이 틀림없다. 이 비유에서 주인은 하느님을 말한다. 처음에 초대받은 손님들은 유대인들을 의미한다. 그들의 전 역사를 통해서 그들은 하느님이 오실 날을 대망해 왔다. 그런데 막상 그분이 오셨을 때 그들은 그분의 초대를 거절했다.

거리와 골목에서 모아온 가난한 사람들은 정통 유대인들이 전혀 아니

---

348 Bavinck, *Ibid.*, p. 21.
349 이장식, *Op. Cit.*, p. 298.

었고, 예수를 영접한 사람들은 세리들과 죄인들이었다. 그리고 길과 마을에서 모여든 사람들이란 이방인을 뜻하는데, 하느님의 잔치 자리에는 아직도 이들을 위해 충분한 자리가 있음을 뜻한다. 이 비유에서 초대된 손님들은 그들의 변명을 내세우고 있는데 사람들의 변명이란 오늘에도 별반 다르지 않다.[350]

이러한 중간기가 불의한 농부 비유에서 더 예리하게 다루어졌다. 마태복음서 21장 33-44절에서 포도원 주인이 처음에는 종들을 보내다가 나중에는 그의 아들을 보내어 포도원의 소출을 거두어 드리게 하였다. 그러나 농부들이 처음에는 종들을 죽이고 다음에는 그의 아들을 죽였다. 이 비유의 마지막에서 예수께서는 무서운 말씀을 하셨다. "그러므로 나는 너희에게 말한다. 하느님께서는 너희에게서 하느님의 나라를 빼앗아서, 그 나라의 열매를 맺는 민족에게 주실 것이다."(마 21:43) 여기서 너희들이란 공식적인 이스라엘의 지도자들만 언급한다. 이스라엘은 밖으로 추방당하고 새로운 백성에게 그 나라가 주어지는 것이다.[351]

그리하여 하느님은 그 아들을 세상에 파송하셔서 하느님 자신의 선교를 하게 하신 것과 같이 예수 그리스도가 이제는 그의 제자들을 또한 세상에 파송하셔서 자기의 선교를 계승하게 하신 것이다.

그리스도 이후의 그리스도인들은 이 종말시대에 있어서 그의 위탁, 즉 그의 사역을 감당하게 하신 것이다.[352] 누가복음서 19장 11-27절(마 25:14-30)의 달란트 비유도 그 중간기를 잘 설명해 주는 곳이다. 여기서 암시되는 것은 이미 왕국은 준비되어 있고 어떤 의미에서 모든 것이 왕국의

---

[350] William Barclay, The Gospel of Luke, 황장욱 역(서울: 교문사, 1975), pp. 276-277.
[351] Bavinck, Op. Cit., pp. 22-23.
[352] 이장식, Op. Cit., p. 298.

완성을 위해서 성숙해 있으나 주님의 종들이 주께서 남겨주신 달란트들을 가지고 일해야 할 시기가 먼저 있어야 한다는 점이다. 종들의 활동 기간이 바로 중간기다.[353]

한편 신약성서의 종말론에서는 행위에 있어서나 또한 지식에 의해서나 인간은 언제 하느님 나라가 도래할 것인지를 알 수가 없다는 점에서 하느님의 주권은 완전히 유지되고 있다. 이 하느님의 주권은 우리가 여기서 검토하고 있는 "선교"의 개념에 있어서 진지하게 취급되고 있다. 그 개념에 의하면 종말에 복음이 모든 민족에게 전파되기까지 오지 않는다는 것이다.[354]

그러므로 중간기가 아무리 오래 지속된다고 할지라도 종들은 이 기간에 주님의 은사들을 가지고 일해야 한다.

여기서 일한다는 것은 특별히 길거리로 나가서 모든 사람을 왕의 혼인잔치에 초대하는 것을 말한다. 따라서 중간기는 선교의 명령으로 충만해 있다. 중간기에 의미를 부여하는 것은 바로 선교 명령이다. 그리하여 예수는 제자들을 둘씩 짝지어 파송하여 선교 훈련을 시켰다.

2) 예수의 이방 선교

복음서의 선교에서 가장 큰 논쟁은 예수의 이방 선교이다. 19세기 말 하르낙(Harnack)은 예수의 설교는 세계주의지만 그의 선교는 유대에 국한되는 특수주의로서 복음서에 나타난 선교 명령은 예수의 것이 아니라 후대인들이 삽입한 것이라 함으로 예수의 이방 선교를 부인했다.[355] 즉 예

---

[353] Bavinck, Op. Cit., pp. 23-24.
[354] Oscar Cullman, "Eschatology and Mission in the New Testment", Theology of the Christian Mission, ed. by Gerald H. Anderson, pp. 47-48.

수께서는 유대인들에게만 그의 선교를 지시했다는 것이며 이방인들에 대한 공식적인 선교는 예수 그리스도의 전망 밖에 있었다는 것이다.[356]

하르낙(Harnack)의 이러한 사상은 19세기에 등장한 성서 비평주의에 입각한 자유 신학적 견해이기도 하다.

그는 마태복음서 28장 19절에 나타나는 선교의 대 위임령(The Great Commission)에 대해 예수는 이러한 명령을 한 적이 전혀 없다며 이 본문이 여기에 삽입된 것은 후대 시대의 역사적 발전으로 이 말씀이 부활한 예수의 말씀으로 첨가되었다고 한다.[357]

예수의 이방선교에 대한 다른 견해는 예수는 처음에 편협한 유대주의자였으나, 후에 세계선교를 고려하였다는 종교 진화론에 입각한 비평적 사상이다.

끝으로 또 하나의 견해는 예수의 사상은 처음부터 세계주의였으나 그의 활동은 특수주의라는 입장이다. 이 견해는 예수께서 세계선교를 생각하였으며 가르쳤으나 그는 결코 유대 국경을 넘지 않았으며 이방인과의 접촉도 없었다는 입장이다.[358]

그러나 앞서 지적한 비유들을 살필 때 하르낙의 견해는 물론 다른 두 견해도 옳지 못하다. 왜냐하면 복음서 전체를 살펴볼 때 거기에는 보편적인 선교 명령으로 가득 차 있기 때문이다. 실로 예수의 생애와 사상 그리고 그의 활동은 처음부터 끝까지 세계선교와 관련이 있다. 여기서 몇 가지만 생각해 보기로 한다.

---

[355] 전호진, *Op. Cit.*, pp. 3-4.
[356] Bavinck, *Op. Cit.*, p. 24.
[357] 전호진, *Op. Cit.*, pp. 5-6.
[358] 전호진, *Ibid.*, pp. 8-9.

먼저 예수의 생애와 교훈 및 활동에서 세계 선교적 요소를 볼 수 있다. 요한복음 서두는 말씀이 육신이 되신 예수를 말한다(요 1:4). 이것은 하느님께서 그의 독생자를 선교자로 만드셨음을 의미한다.[359]

시므온의 찬양 속에서 예수는 "이방에 비추는 빛"이라 불리운다(눅 2:32). 그는 자기 백성을 죄에서 구원하기 위하여 해방자로 오셨다(마 1:21, 4:18). 그는 세례 요한에게서 세례를 받으심으로 그의 공생애를 시작하셨다. 세례는 그의 사생활과 공생활 간의 전환점을 의미한다. 이것은 단순히 새 생활로 들어가는 것을 의미하지 않고 새 시대로의 돌입을 의미한다.

여기서 전호진 교수는 De Ridder의 말을 빌려 "예수는 세례를 통하여 왕이 아니라 종으로 하느님의 계명에 복종하는 모습을 보여주었으며 죄인들과 하나가 되셨고 계약을 파기한 이스라엘의 죄를 친히 담당하셨다"고 말한다.[360] 그리고 예수의 시험도 구원을 성취하기 위한 마귀에 대한 위대한 승리의 표적이라고 한다. 예수는 이 시험에서 돌을 떡으로 변화시킴으로 인간의 물질적 요구와 사회적 관심을 먼저 보이라는 도전을 받았다(마 4:1-11). 즉 자기의 능력을 이기적인 자신의 목적을 위해 사용하라는 것이다.[361] 만약 예수께서 마귀의 유혹에 복종하였다면 빵 문제는 일시적으로 해결했을지 모르나 세상 사람들의 영적 기근은 영원히 해결하지 못했을 것이다.[362]

---

[359] 전호진, *Ibid.*, p. 10.
[360] 전호진, *Idid.*, pp. 11-12.
[361] William Barclay, The Gospel of Methew Vol. 1, 박근용 역(서울: 교문사, 1977), p. 96.
[362] 전호진, *Op. Cit.*, p. 12.

그리고 예수의 고난과 부활 및 승천은 후대에 선교 메시지의 중심이 되었다. 예수는 죄 사함을 위하여 목숨을 주셨고 피 흘리셨다. 그리하여 십자가와 부활은 기독교 신앙의 초석이 되었다.

이 밖에도 사복음서에 나타나는 예수의 여러 말씀들에도 세계주의적 선교(보편적)의 의미를 담고 있음을 본다.

"너희는 세상의 소금이다. 너희는 세상의 빛이다."(마 5:13, 14) 등의 말씀이 그것을 보여준다.

예수께서 가버나움에서 백부장을 만났을 때 구약의 예언을 회상하여 이렇게 말씀하셨다. "많은 사람이 동과 서에서 와서, 하늘나라에서 아브라함과 이삭과 야곱과 함께 잔치 자리에 앉을 것이다."(마 8:11) 예수 그리스도의 공생애가 끝날 무렵에 어떤 헬라인들이 그를 보러 왔을 때 예수께서는 인자가 높이 들리우리라는 것을 생각하셨다(요 12:23). 이와 같이 만국이 돌아오는 것은 언제나 메시아 징조들 중의 하나였다.

복음서 전체에 걸쳐서 예수께서는 항상 자기의 생애를 구약의 구원 예언의 커다란 문맥 속에서 고찰하여 그 구원 예언들 중의 한 요소가 이방 제국들로부터 사람들이 접근해 오는 것이었다.[363]

이상과 같이 사복음서는 이방인들이 자발적으로 예수에게로 나아 오는 것을 말함과 동시에 예수께서 또한 이방인들에게 나아가는 원심적 선교를 말해준다.

그런데도 예수님의 어떤 표현들은 선민사상(특수주의)을 나타내는 것처럼 보이기도 한다.

예수께서 사마리아 여인에게 구원은 유대인에게 속했다고 했으며(요 4:22), 가나안 여자에게는 "이스라엘의 잃어버린 양들에게"만 그가 보내심

---

[363] Bavinck, *Op. Cit.*, p. 25.

을 받았다고 하셨다(마 15:24). 이 부분은 예수의 선교가 특수한 제한성을 가졌다는 인상을 주는 대목이기도 하다.

그러나 Bavinck는 언급하기를 이 두 본문은, 바로 그 당시엔 복음을 전 세계에 전파할 시기가 아직 이르지 아니했음을 시사한 것뿐"이라고 한다.[364] 사도들이 이방인들에게나 사마리아인들의 어떤 마을에 가지 못하도록 금지 받은 것도 바로 이와 같은 이유라고 주장한다(마 10:5). 즉 때가 아직 이르지 아니한 것이다.

그러나 예수께서는 그 후에 세계주의적 선교의 말씀을 하셨다. 베다니의 마리아가 그에게 기름을 부었을 때 예수는 이렇게 선언하셨다. "내가 진정으로 너희에게 말한다. 온 세상 어디서든지, 이 복음이 전파되는 곳에서는, 이 여자가 한 일도 전해져서, 그를 기억하게 될 것이다."(마 26:13) 여기서 전 세계라는 것이 시야에 들어오게 된다.

이러한 사상은 마지막 때의 징조에 관한 위대한 말씀 속에서 더 강력하게 표현되어 있음을 본다. "이 하늘 나라의 복음이 온 세상에 전파되어서, 모든 민족에게 증언될 것이다. 그 때에야 끝이 올 것이다."(마 24:14) 여기서 선교 활동이 마지막 시대와 관련되어 있는데 그것은 구약의 예언들도 마찬가지이다.[365]

이렇게 살펴볼 때 예수님의 세계주의적 선교 개념이 복음의 초기에는 명백하게 나타난 것이 아니었으나 후기에 이르면서 명백해짐을 알 수 있다. 즉 예수의 수난 시기가 가까이 옴에 따라 중간기는 부각되었고 따라서 예수의 선교개념도 두드러졌다. 실로 복음서는 예수께서 세계주의적 선교의 (보편적)의미를 지닌 사역을 감당하셨다는 것을 선명하게 보여

---

364 *Ibid.*, p. 25.
365 *Ibid.*, p. 25.

주는 표현들로 차고 넘친다. 예수는 이스라엘의 빛일 뿐만 아니라 세계의 빛이시다.

3) 선교의 대 위임령(The Great Commission)

예수께서 부활 이후, 중간기와 선교의 명령이 더욱더 공개적으로 언급될 수 있었다. 즉 예수께서 부활 후 제자들에게 주신 계명은 선교의 대명령이다. 복음서는 모든 선교의 대명령으로 끝나고 사도행전은 대위임으로 시작한다.

예수께서는 40일 동안 제자들에게 나타나시면서 제자들에게 자주 선교의 필요성을 새겨 주셨다. 부활하신 당일에도 열한 제자에게 나타나 이렇게 말씀하셨다. "그의 이름으로 죄사함을 받게 하는 회개가 모든 민족에게 전파될 것이다."(눅 24:47) 예수께서는 그의 명령이 성경에 입각해 있음을 가르치셨다. 성경은 이방인들이 자발적으로 돌아올 것을 강조하여 말하고 있으며 이것이 교회의 활동에 포함되어 있음을 말하고 있다.

선교의 대 명령은 초대 교회사에서 오늘의 교회에 이르기까지 교회의 존립과 생명력의 터전이 되었다. 선교의 대 사명은 사도들을 통하여 오늘에 이르기까지 교회에 주신 주님의 명령이다. 따라서 교회는 이 명령에 복종할 의무가 있다.

선교의 대 위임령(The Great Commission)의 내용은 본문의 강조점에 따라 다르다. 즉 마태복음은 선교의 권위와 능력을 말하며 마가는 선교의 범위가 전 세계적임을 말한다. 그리고 누가는 선교의 순서를 말하며, 요한은 영적 자격과 요구를 각각 강조하고 있다.[366]

여기에 대한 좀 더 자세한 설명을 부연하자면, 마태복음에 나타난 선

---

[366] 전호진, *Op. Cit.*, p. 34.

교의 대 위임령은 예수의 능력과 권위에 강력한 근거를 두고 있는 것으로서 이와 같은 구원의 능력은 만민에게 전파되어야 하며 만민은 그 앞에 머리를 숙여야 한다. "그러므로 너희는 가서 모든 족속으로 제자를 삼으라." 복음은 왕이 위임하신 영광을 내포하고 있다. 따라서 그것은 전 세계에 그리스도의 왕권을 선포해야 할 것을 마지막으로 호소하는 것이다.[367]

마가복음은 예수님의 인격과 사역 안에 도래한 왕국을 선포하며 사람들을 새 삶으로 초청하는 선교적 문서로서, 대 위임령은 마가복음서 16장 15-16절에 나타나 있다. "너희는 온 세상에 나가서, 만민에게 복음을 전파하여라. 믿고 세례를 받는 사람은 구원을 얻을 것이요, 믿지 않는 사람은 정죄를 받을 것이다." 이 선교령과 세례를 주라는 분부는 마가복음의 특징이기도 하다. 이 말의 의미는 제자들이 복음을 받아들이는 사람들을 얻기 위하여 온 천하를, 즉 온 세상을 두루 다니며 복음을 전파해야 한다는 것이다. 그리고 메시아에 대한 가부 간의 결단이, 받아도 되고 안 받아도 되는 그런 문제가 아니라 구원 아니면 정죄를 가져오는 결정적 문제로 나타나 있다.[368] 학자들 사이에는 마가복음의 이 결론 부분이 정경 문제가 결정된 후, 본래의 마가복음에 덧붙여진 것이라고 하여 문서상의 여러 문제를 제기하는 분들도 있다. 여기에 대하여 베르쿠일(Verkuyl)은 누가 그것을 부가했든 간에 선고령을 포함해서 기록했던 다른 복음서 저자들로부터 얻은 자료를 사용해서 편찬했을 것이므로 마가복음의 이 구절이 후에 편찬된 재료이며 복음서에 속하지 않는 것이라 할지라도 이 구절

---

367 Bavinck, *Op. Cit.*, pp. 26-27.
368 Johannes Verkuyl, "Biblical foundation for the world wide Mission Mandate" Biblical Foundation for Mission, ed. and translated by Myung Hyuck Kim, pp. 199-200.

들은 다른 복음서들에서 발견되는 믿을만한 정통 위에 근거하고 있다고 한다.[369]

누가복음 또한 누가 자신이 선교령을 순종하기 위한 기록이다. 누가는 선교령을 예수의 부활 사건에 대한 기록 속에 포함하고 있다. 복음서와 사도행전에서 저자는 부활하신 주님의 나타나심과 선교령을 연결해 기술한다. 이 선교령은 승천하시기 전 제자들에게 하신 예수의 말씀 가운데 포함되었다. "이렇게 기록되어 있다. 곧 '그리스도는 고난을 겪으시고, 사흘째 되는 날에 죽은 사람들 가운데서 살아나실 것이며, 그의 이름으로 죄사함을 받게 하는 회개가 모든 민족에게 전파될 것이다' 하였다. 예루살렘에서부터 시작하여 너희는 이 일의 증인이다."(눅 24:46-47) 즉 누가복음 24장과 사도행전 1장은 예루살렘을 세계선교의 출발지로 묘사한다. 누가는 선교령을 그리스도 부활에만 연결하지 않고 성령 강림의 약속과도 연결했다. 사도행전 1장에는 성령강림을 기다리라는 명령이 주어졌다(행 1:4).

이 선교령의 진술 가운데 몇 가지 특징적인 성격이 나타나 있다.

(1) 선교의 수평선이 세계 전역을 포함한다는 점.

(2) 사도들이 따라야 할 구체적인 순서가 언급되었다는 사실이다.

그들은 예루살렘에서 시작하여 유대와 사마리아로 가고 그리고 전세계와 전 민족에까지 가도록 되어 있었다. 누가는 이 순서를 사도행전의 개요로 삼았다. 1장에서 7장까지는 예루살렘에서의 복음 전파를 기술하고, 8장에서 9장까지는 유대와 사마리아에서의 복음 전파를 기술하고, 10장 이하의 본문은 온 세계를 취급하는데, 특히 로마를 중심으로 기술하였다.

---

[369] *Ibid.*, pp. 199-200.

(3) 예수님이 재림의 "때와 기한"에 대해서 말씀하시기를 꺼려하신 점이다. 즉 온 시대의 왕이신 하느님만이 역사의 시계를 손에 쥐고 계시다는 뜻이다.[370]

요한복음은 또한 선교령을 예수 그리스도의 인격과 그의 사역에만 관련시키지 않고 하느님 자신과 관련시켜 서술한다. 즉 보냄을 받은 자 예수의 뒤에 서계신 분은 보 내시는 분인 하느님 자신이다(요 13:20). 아버지가 아들을 보내시고 아들은 또한 그의 제자들을 내보내시어 흩어져 있는 하느님의 자녀들을 한곳으로 모은다(요 10:16, 12:32, 17:1-26).

예수님이 이와 같은 말씀을 하신 후, 요한복음 20장 21-22절에서는 선교를 수행하라는 실제적 명령을 내리신다. "예수께서 다시 그들에게 말씀하셨다. '너희에게 평화가 있기를 빈다. 아버지께서 나를 보내신 것 같이, 나도 너희를 보낸다.' 이렇게 말씀하신 다음에, 그들에게 숨을 불어넣으시고 말씀하셨다. '성령을 받아라.'" 여기서도 선교령은 부활하신 주님이 나타난 일과 밀접히 연결되어 기술되었다.[371]

이 대목을 웨스트콧(Westcott)은 "교회의 헌장"이라고 말했다. 바클레이(W. Barclay)는 또한 이 대목을 주석하며 세 가지 점을 지적하고 있다.

첫째, 예수 그리스도께서 교회를 필요로 하신다는 것이다. 이것은 후에 바울이 교회를 "그리스도의 몸"이라고 불렀을 때(엡 1:22; 고전 12:13) 뜻했던 것과 똑같은 것이다. 예수는 만인을 위한 메시지를 가지고 오셨다. 이제 예수께서는 아버지 곁으로 돌아가시고자 한다. 이 메시지는 교회가 그것을 전하지 아니하는 한 만인에게 제공될 수 없다.

둘째, 교회가 예수를 필요로 한다는 뜻이다. 보냄을 받는 사람은 그

---

[370] *Ibid.*, pp. 201-202.
[371] *Ibid.*, p. 203.

사람을 보내는 사람이 필요하다. 가지고 가야 할 메시지가 필요하다. 그 메시지를 뒷받침해 주는 능력과 권위가 필요하다. 예수 없이는 교회의 메시지도 능력도 있을 수 없다는 것이다.

셋째, 교회가 예수에 의해서 보내심을 받았다는 것과 예수께서 하느님으로 말미암아 보내심을 받았다고 하는 것과는 서로가 같은 관계에 있다는 점이다.[372]

제자들은 생각하기를 세상에서의 그들의 임무는 다만 그리스도께서 이스라엘 왕국을 회복하실 때까지 기다리는 것뿐이라고 생각했다. 그들은 미래를 이스라엘 중심적으로 내다보았으며 자기들의 역할을 수동적으로만 간주했다. 그러나 그리스도께서는 이와 같은 오해를 시정하시며 땅끝까지 이르는 적극적인 증인들의 역할을 위임하신 것이다.[373]

이상에서 살펴본 바와 같이 복음서의 선교관을 요약하면,

(1) 예수 그리스도의 교훈에 있어서 선교 사상이란 메시아적 구원 기대로부터 점진적으로 유래되고 있다는 점이다.

(2) 구약의 예언은 메시아 구원을 이스라엘의 영적인 부흥과 영광, 그리고 이방인의 자발적인 접근과 세계 질서의 근본적 변화와 관계된 것으로 보는 관점이다.

(3) 메시아 구원은 예수 그리스도께서 오심으로 원칙적으로 도달되었다는 점이다.[374]

끝으로 중요한 것은, 선교는 예수 그리스도의 단순한 권면 정도가 아

---

[372] William Barclay, The Gospel of John Vol. II, 박근용역(서울: 교문사, 1977), pp. 460-461.
[373] Bavinck, Op. Cit., p. 27.
[374] Ibid., p. 27.

니라 명령에 속하는 위임이라는 점이다. 이 명령과 위임은 2천 년 선교 역사에서 선교의 중요한 동기가 되어온 것이다. 그러므로 이 명령은 선교의 대 헌장이다.[375]

1966년 백림대회는 이 대 위임에 대하여 선교란 우리가 선택하거나 좋아하기 때문이 아니라 명령이기 때문이라고 집약했다.

오늘날 세계 교회는 에큐메니컬과 복음주의의 교회로 양분되어 선교 개념과 전략도 양극화되어 있다. 에큐메니컬 측 교회는 부활 전의 교훈인 사랑의 대계명을 더 강조하며 특히 누가복음 4장 18절을 선교로 대치하려는데 비하여, 복음주의 측 교회는 선교의 초점이 부활 후의 대명령에 관심을 집중하고 있다.

1980년 멜버른에서 개최된 W.C.C. 세계 선교 및 전도 위원회 주최의 선교대회는 "당신의 나라가 임하옵소서"를 주제로 해방의 선교를 토론했다. 이 대회의 중요 본문은 누가복음 4장 18절이었다. 그러나 같은 해에 태국의 파타야와 스코틀랜드의 에든버러에서 모인 복음주의 선교대회는 30억의 복음을 듣지 못한 사람들에게 선교하는 전략을 다루었다. 한편은 육적 기근에 더 강조점을 두는가 하면 다른 한편은 영적 기근에 더 강조점을 두는 양극화 현상이다.[376] 그러나 우리가 성서의 전체적인 문맥에서 얻어지는 결론은 성서는 결코 육의 문제와 영의 문제를 이분법적으로 생각하지 않는다는 점이다.

그러므로 우리의 바람직한 성서적 태도는 어느 한 편을 선택하기 위하여 어느 한 편을 버리는 것이 아니라, 이 양자가 긴장 관계를 유지하면서도 궁극적으로 통합된 하나의 문제, 즉 예수 그리스도를 통하여 보내

---

[375] 전호진, *Op. Cit.*, pp. 34-35.
[376] *Ibid.*

주신 하느님의 사랑과 뜻의 실현이라는 통합 관계에서 선교령은 이해되어야 할 것이다. 즉 육과 영은 하나의 인격적 통합 관계에서 이해되어야 할 것이다.

2. 사도행전에 나타난 선교

사도행전은 성서 중에서도 최고의 선교 기록이다. 사도행전은 초대교회가 세워지는 과정을 잘 알려주는 선교 문서로 사도행전은 선교 각 분야에 대한 자료들이 풍부하다.

즉 선교적 접근과 선교 현장에서의 전파와 신생 교회들의 조직 등 여러 분야의 풍부한 자료를 제공해 준다. 그러므로 선교의 원리와 전략 등을 연구하기 위해서는 사도행전을 참고서로 하지 않을 수 없다.

즉 사도행전은 기독교가 예루살렘에서 시작하여(1-7장), 유대와 사마리아로 전진하여(8-12장), 마침내 땅끝까지 이르는(13-28장) 기독교 확산을 다룬 것이다.

특별히 1장 8절에 나타나는 "능력"과 "증언"의 이 두 단어는 사도행전 전체의 모티브가 되는 것이다. 부활은 제자들을 증인으로 만들었고 오순절 사건은 효과적으로 증거할 수 있는 능력을 부여했다.

그래함 스크로기(Graham Scroggie)는 사도행전 1장 8절의 중요한 네 가지 개념을 지적했다.

(1) 증거의 핵심 주제는 그리스도이다.
(2) 증거의 유일한 매개체는 교회이다.
(3) 증거의 궁극적 범위는 세상이다.
(4) 증거의 성공 비결은 성령이다.[377]

---

[377] J. Herbert Kane, "The Biblical Basis of Missions", ed. by 김명혁, p. 95.

현대 선교 전략을 세움에 있어서 사도행전에 나타나는 초대 교회의 선교 이론과 전략이 현대에 적용될 수 있느냐는 문제에 대해서는 양론이 있다. 비록 시대와 문화가 다를지라도 바울의 전략은 지금도 기본 원리로 채용해야 한다는 생각과 상황이 변한 지금 그것을 채용할 수 없다는 입장이다.[378] 19세기 서구 교회의 자립 선교 원리는 초대 교회의 선교 전략을 모델로 적용하였는데 이것은 성서를 선교의 교과서로 받아들인 것이다. 사도행전은 또한 선교 문제에 관한 것뿐만이 아니라 교회론에 중요한 비중을 지닌다.

즉 사도행전의 교회는 성령에 의해 시작되어 요원의 불길처럼 지중해 전역에 확산하였다. 그리고 이 교회는 전도와 교육과 친교하는 교회였으며 봉사와 선교하는 교회로서 모습을 갖추었다. 또한 특정인들만으로 구성되는 동질 집단의 교회가 아니라 유대인과 이방인, 자유인과 노예가 함께하는 교회였다.

물론 사도행전에 나타나는 교회 성장의 원인은 성령의 역사와 교회의 열렬한 전도 활동이었다. 그러나 또 당시의 사회적·문화적 여건을 무시할 수 없다.

사도행전에 나타난 선교 이론과 전략을 현대에 적용하면서 몇 가지 고려할 점은, 당시는 문화의 장벽이 그리 심하지 않았으며 지중해 세계에 통용되는 공통어로 언어의 장벽이 거의 없었으며 오늘날 전 세계적으로 만연되는 민족주의 같은 장애가 없었다는 사실이다. 오히려 사해 동포주의가 당시의 정신세계를 지배하고 있었다.[379]

---

[378] 전호진, 사도행전의 선교, p. 2.
[379] 전호진, Ibid., pp. 6-7.

1) 사도행전의 선교개념

선교학자 바빙크(Bavinck)는 사도행전에 나타난 선교개념을 다섯 가지로 분류했다.

(1) 그리스도의 선교 (2) 종말적 선교 (3) 교회의 선교 (4) 신도의 자발적 선교 (5) 많은 사람이 회개하고 개종한 것 등이다.[380] 이에 대한 좀 더 자세한 설명을 가하면 첫째, 사도행전의 선교 역사는 영광스럽게도 그리스도의 역사로 묘사되었다는 점이다. 이런 의미에서 바빙크(Bavinck)는 언급하기를 사도행전이란 명칭은 부적당하며 오히려 사도들을 통한 그리스도의 행전이라 해야만 마땅하다고 한다.[381] 왜냐하면 사도행전에는 만사가 그리스도께서 행한 것으로 거듭 강조되어 있기 때문이다. 즉 사도들은 그리스도의 이름으로 전도하며 선교했으므로 그것은 곧 그리스도의 선교라는 뜻이다. 이 점을 몇 가지 사례를 들어 지적할 수 있다. 즉 오순절 날 성령이, 모여든 신자들에게 쏟아부어졌을 때, 베드로는 "그는 아버지로부터 약속하신 성령을 받아서 우리에게 부어 주셨습니다. 여러분은 지금 이 일을 보기도 하고 듣기도 하고 있는 것입니다."라고 말했다(행 2:33).

사도들은 또 그리스도의 이름이 큰 이적들을 행한다고 거듭거듭 선포했다. 그의 이름은 절름발이를 걷게 했다(행 3:16, 4:10). 표적과 기사들이 이 이름을 받들어 봉사하는 자들로 나타났다.

선교 활동에서 그리스도께서 그의 교회를 지도하신다는 것은 주목할 만하다. 즉 사도들이 아무도 이방 선교의 위대한 인물을 준비하지 못할 때 그리스도께서는 사울을 사도로 세워 "가거라, 그는 내 이름을 이방 사

---

[380] 이장식, *Op. Cit.*, pp. 301-302.
[381] Bavinck, *Op. Cit.*, p. 29.

람들과 임금들과 이스라엘 자손들 앞에 가지고 갈, 내가 택한 내 그릇이다."(행 9:15)라고 말씀하셨다.

성서 속에서 "그릇"은 종종 사람의 대명사로 사용된다. "내 그릇"(롬 9:22) 즉 사울의 회심은 우연한 사건이 아니라 하느님께서 오래전부터 이방인 선교를 위한 "선택의 도구"(Chosen instrument)로서 계획하셨다는 것이다. 실로 2천 년의 교회사를 통하여 바울만큼 더 복음에 합당한 그릇은 없었을 것이다.382

예루살렘이 선교 의무 수행에 나태할 때 그리스도께서는 안디옥 교인들을 사용하셨다. 여기서 그리스도께서는 친히 바나바와 바울을 파송하는 일에 주도권을 잡으셨다.

바울은 선교 여행 중 한 걸음 한 걸음 그리스도에 의하여 인도받았다. 바울이 아시아에서 복음을 전하려 하자 그리스도께서 그것을 금지하였으며 비두니아에 가려고 할 때도 역시 막으셨다(행 16:6-7).

또 한 경우는 바울이 유럽의 문호를 개방하는 환상을 받기도 하며(행 16:9-10), 밤중에 그리스도의 말씀이 바울을 격려한 때도 있었다.383 이상과 같이 사도행전에 나타나는 전체적 문맥은 모든 일에 있어 그리스도의 주도권이 전면에 나타나며 바울은 다만 도구에 불과하다는 것이다(행 18:9-10).

둘째, 사도행전의 선교는 종말과 관련된 선교라는 점이다. 선교는 하나의 종말적인 사건이다.

베드로는 그의 설교에서, 요엘서 2장 29절의 말씀을 들어서 그의 유명한 오순절 성령 강림의 종말적 성격을 강력하게 표현했다. 즉 말세에 하

---

382 The Interpreter's Bible, Vol. 9. (New York: Abingdon Press, 1954), p. 124.
383 Bavinck, Op. Cit., pp. 29-30.

느님의 성령을 그의 남종과 여종에게 부어주시리라는 말씀이 이제 응한 것으로 증거하였다.

선지자들이 묘사한 미래의 구원에 있어서 성령 강림은 메시아를 핵으로 하고 일어나는 사건으로서 이방인들이 자발적으로 돌아오는 일의 원동력이 된다.[384] 이제 하느님의 구속 역사의 최후 단계에 접어들었다. 사도들은 예수 그리스도의 임박한 재림을 기다리면서 그가 오시기 전에 먼저 이스라엘의 잃어버린 양 떼에는 물론 멀리 이방에까지, 그리고 땅끝까지 가서 선교해야 한다는 선교의 사명에 불탔다.[385] 이와 같은 점에서 오순절의 결과로 나타난 선교의 계속된 활동은 마지막 날의 현상으로 간주하여야 한다.

셋째, 바빙크는 "그리스도 자신이 선교의 주인이지 교회가 선교의 주인이 아니라는 사실이 크게 강조되어 있다."[386]고 지적한다.

혹은 선교는 성령의 파송을 받아 시작된 것이라고도 할 수 있을 것이다. 즉 안디옥 교회가 선교사를 파송할 때도 성령이 주도적으로 파송한 것으로 나타나 있고 안디옥 교회는 뒷전에 숨겨져 있었다. 즉 교회가 선교에 관심을 두기 전에 하느님이 성령을 통하여 바울과 바나바를 불러 파송하신 것이라고 말한다. 오늘날 그리스도교의 선교를 "하느님의 선교"(Missio Dei)라고 하는 것은 이러한 의미에서 타당성을 지닌다고 할 수 있다. 그러나 안디옥 교회가 바울과 바나바를 안수해서 전도자로 보냈다 (행 13: 3). 또 교회가 바울과 바나바의 선교 활동에서 야기된 제반 문제를 심중히 검토하여 교회가 결국 선교 단체로서의 공적 책임을 지고 해결하

---

[384] *Ibid*., p. 31.
[385] 이장식, *Op. Cit.*, p. 301.
[386] Bavinck, *Op. Cit.*, p. 31.

게 되었으니, 그것이 예루살렘 공회에서 다룬 할례 문제였다.

그런데도 3차 선교 여행을 마친 후 바울은 예루살렘 장로들에게 "하느님이 자기의 봉사로 말미암아 이방인 가운데서 하신 일"에 관하여 선교 보고를 하셨다(행 21:19).[387]

바울과 바나바는 교회의 한 성원으로서 선교하였고 그것은 교회에 보고하였으며 선교상의 어려운 문제에 관하여 조직 체제로서의 교회가 공적으로 책임 있는 해결을 짓게 된 것은 결국 교회가 하느님의 선교에 본격적으로 참여하여 그의 대행 단체가 된 것을 말하는 것이기도 하다.

즉 시간이 흐름에 따라 조직체로서의 교회가 선교 활동에 더욱더 개입한 것은 사실이나 선교활동 차체는 하느님께서 하신 일이다.[388]

넷째, 평신도들의 자발적 선교이다. 즉 초대 교회의 선교활동은 사도들이다. 정식 선교사만의 책임이 아니고 평신도들의 자발적인 운동이었음을 사도행전은 말해준다. 신도들이 자발적으로 설교하며 전도하였다. 특별히 스데반의 순교 이후 박해가 심해지자 피난 신도들이 도처에서 복음을 전파했다(행 8:4). 이러한 전도를 통하여 그들은 성령의 임재를 더욱 강하게 체험하였다(행 8:1-7, 11:19-21). 그들 중에는 뵈니게와 구브로와 안디옥까지 이른 자들이 있었다(행 11:19). 또한 헬라인들에게 복음을 전파하는 자들도 있었다(행 11:20). 이렇게 그들은 이방인들의 장벽을 뚫고 들어가 전파하기 시작하였다.

이 개인 전도는 초대 교인들의 선교 관심의 단적인 표현이며, 바울은 그의 서신에서 많은 신도의 전도 행위와 협력을 이름을 들어 소개하고 있다(행 19:29, 20:4; 롬 6:12, 16:1; 빌 4:2-3; 딤후 4:14).

---

[387] Ibid., p. 31.
[388] Ibid., pp. 31-32.

우리는 초대 교회의 선교 활동에 있어서 아무런 공식적인 직분을 가지지 아니한 많은 남녀가 중요한 역할을 담당하고 있었다는 인상을 받게 된다. 평신도들이 독자적으로 선교활동을 할 때 여러 가지 혼돈에 빠질 위험이 있다. 물론 사도행전에서도 그러했다. 그러나 바울은 이러한 자발적인 복음 전파를 억누르지 않고 오히려 그것을 이용하고 조직화하였다.[389]

1960년대에 세계 교회는 평신도의 가치를 재인식하고 평신도의 신학을 발전시켰는데 이것은 성서적 입장에 당연하기도 하다. 그런데도 교회는 오랫동안 평신도의 '에너지'를 사장한 채 지나왔다. 그러나 다원화된 세계 속에 있는 오늘의 교회는 더 이상 평신도의 '에너지'를 묵과할 수 없는 현실이다. 평신도들의 역할과 활동이야말로 오늘 교회의 사활의 문제이다.

다섯째, 끝으로 사도행전은 복음 전파에 중요한 역점을 두고 있으면서도 새로이 형성된 교회에 참여하는 사람들에게 주의를 환기시켰다. 사도행전은 여기서 초대 교회의 놀라운 성장을 입증해 주고 있다. 즉 "믿는 사람들이 더욱 늘어나면서, 주님께로 나아오니, 남녀 신도들이 큰 무리를 이루게 되었다."(행 5:14) 이 대목은 초대 교회가 얼마나 왕성하고 성령에 충만한 교회였던가 하는 것을 말해 준다. 이것은 선지자들의 혀를 통하여 예언된 것이 실제로 초대 교회에서 성취된 것을 말한다. 실로 산 위에 있는 동네는 숨겨질 수 없었다.

사도행전은 선교의 근거 면에서 복음서에 덧붙여 많은 것을 지적하지는 않는다. 그러나 그것은 성령 강림의 기적이 지니는 의미를 강조하며 그리스도께서 계속 그의 교회의 중심에 살아계심을 보여준다.

---

[389] *Ibid.*, p. 32.

초대 교회에 성령이 없었다면 초대 교회는 비겁한 신자들의 불쌍한 작은 집단에 불과했을 것이다. 그러나 성령의 능력으로 그들은 세계 속으로 들어가서 하느님의 일상적인 기적을 선교활동 속에서 체험하였다. 그들이 다만 그리스도의 손에 붙잡힌 도구들이었기 때문에 그러한 엄청난 일을 성취할 수 있었다.[390]

2) 선교 전략과 유형

선교 전략과 유형의 문제는 곧 선교의 방법론적 이해에 관한 것이다. 선교는 획일적으로 이루어지는 것은 아니다. 선교는 그것이 실현되는 장(場)에 따라 그 방법이 다양할 수 있다. 이는 선교의 역사가 보여주는 사실이다. 우리는 그 기본적인 전략과 유형을 사도행전에서 찾을 수 있다.

사도행전에 나타나는 모든 선교활동은 물론 성령의 역사를 통한 선교이지만 거기에는 분명한 전략이 나타난다. 따라서 현대 선교전략도 사도행전에 나타난 전략을 참고로 활동해야 한다고 전호진 교수는 언급한다.[391]

사도행전의 선교는 바울의 것이 전부는 아니지만 가장 큰 비중을 차지한다. 사도행전에서 중요한 선교 전략은 첫째, 집단 단위의 전도이다. 즉 베드로와 바울은 그룹 단위의 회심을 불러일으켰다.

오늘날 한국 교회에 많은 영향을 끼치고 있는 맥가브란(McGavran)의 선교이론은 사도행전의 그룹 단위의 회심에서 대중운동(People Movement)인 집단 개종(mass conversion) 이론을 수립하였다. 그의 이론은 지나치게 실용주의적인 인상을 주나 사도행전에 있어서는 긍정적인 면을 보여준

---

[390] Ibid., p. 33.
[391] 전호진, Op. Cit., p. 30.

다.

사도행전은 분명 선교에 있어서 그룹 단위의 전략을 말한다.

둘째로, 사도행전의 전도는 동역 원리(Team work)이다. 베드로나 스데반의 전도는 단독으로 한 것같이 보인다. 그러나 사도행전에 "우리"(We)라는 표현이 나오는 곳에서 선교는 더 이상 신앙적 영웅의 개인 위주의 선교활동이 아니라 팀 선교였다.[392]

바울과 바나바 간의 마가 문제로 인한 불화와 의견 충돌도 있었지만, 그러한 문제 때문에 그들은 결코 팀 활동을 중단하지 않았다.

함께 협력하고 연합하는데 부족한 한국 교회는 초대 교회의 팀 전도에서 많은 것을 배워야만 한다.

셋째, 사도행전의 선교는 선교와 문화의 문제를 잘 해결하였다. 즉 예루살렘 총회는 선교를 위한 총회로써 복음과 유대의 의식과 문화를 분리하고 더 이상 유대인의 의식을 이방인에게 부과하지 않고 다만 이방인의 부도덕을 금지하도록 하였다(행 15:28-29).[393]

넷째로, 사도행전의 선교는 대도시 등 전략적 가치가 있는 곳에서 시작하였다.

바울의 도시 교회인 안디옥교회에서 시작하여 빌립보, 데살로니가, 고린도, 아덴 등 지방의 중심 도시에 먼저 들어가 교회를 세웠다. 이는 곧 문화와 상업의 중심지가 되어 있는 대도시에 먼저 교회를 세웠다는 증거이다. 그리고 그 교회는 또 그 주변 지역마다 전도하게 하였다. 이것은 현대 교회성장학이 말하는 복음에 더 수용적인 장소를 사회학적으로 미리 파악하여 그곳에 집중적으로 투자하는 것이라기보다 사람이 많은 대도

---

[392] Ibid., p. 34.
[393] Ibid., p. 35.

시를 먼저 택한 것이다.

다섯째, 사도행전의 선교전략은 어떤 상황에서도, 그리고 모든 수단과 가능성을 이용한 선교였다.**394**

바울은 회당에서 선교하는가 하면 길거리에서(행 14:4)도 했으며, 대광장에서(행 17:17-19) 선교하는가 하면, 강당과 개인의 집에서(행 17:7, 20:8, 28:30)도 선교했다.

바울은 에베소 원로들에게 준 고별 연설에서 "나는 또한 유익한 것이면 빼놓지 않고 여러분에게 전하고, 공중 앞에서나 각 집에서 여러분을 가르쳤습니다. 나는 유대 사람에게나 그리스 사람에게나 똑같이, 회개하고 하느님께로 돌아올 것과 우리 주 예수를 믿을 것을, 엄숙히 증언하였습니다."(행 20:20-21)라고 말했다 누가는 "바울은 오직 말씀을 전하는 일에만 힘을 쓰고, 예수가 그리스도이심을 유대 사람들에게 밝혀 증언하였다."(행 18:5)고 증언한다.

폭풍의 때나 여행 중에나 그리고 재판과 투옥의 때에도 그 기회를 역으로 이용하여 복음을 전했다. 실로 바울은 이성과 영감, 지성과 열정, 인간의 지혜와 초자연적 은총을 자기 삶 속에 하나로 통합하는 전도자였다.**395**

그러면 다음으로 선교 유형에 대하여 언급되어야 할 것이다. 사도행전에 나타나는 선교 유형은 크게 두 유형으로 생각할 수 있다. 그 하나를 '예루살렘 선교'라고 한다면 다른 하나는 '아덴 선교'라고 할 수 있다. 전자는 주로 유대인을 위한 선교요, 후자는 이방인을 위한 선교이다. 예루살

---

394 Waler Gardini, IL MESSAGGIO MISSIONARIO DI SAN PAOLO, ゲネス、レト 譯(東京: 女子パウロ會, 1980), p. 111.
395 Ibid., pp. 111-112.

렘 선교는 그 규모, 내용, 그리고 방법 등으로 보아 대중성을 띤 선교라고 할 수 있다. 그리고 아덴 선교는 그런 여러 측면에서 볼 때 비교적 지성인들에 대한 선교의 시도로 볼 수 있다.[396]

누가는 사도행전 전반에서 베드로를 중심한 선교 역사를 다루었고, 후반에서는 바울을 중심으로 한 선교 역사를 다루었다. 여기서 우리는 두 유형의 선교를 주목하게 된다.

먼저 예루살렘 선교를 검토할 때 다음 몇 가지의 특성을 발견할 수 있다.

첫째로, 예루살렘 교회의 주동 인물은 베드로라는 점이다. 그는 예수의 열두 제자 중에서도 수제자에 속하는 인물이다. 그에게는 용기와 담력이 있었다(행 4:19-20). 가이사랴 빌립보에서도 기독론적 고백을 하였을 뿐만 아니라 예수를 그리스도로 앞장서서 고백한 사람이다. 그는 또 예수로부터 교회의 초석으로서의 근거와 책임을 부여받았다(막 8:27-30). 그리고 그는 부활하신 예수 그리스도에 대한 최초의 증언자였다는 것도 주목할 사실이다.

갈라디아서 2장 9절에 따르면 베드로는 예루살렘 교회의 주도적 인물이었다.

둘째, 그러면 베드로의 선교적 상황은 어떠했는가 하는 문제이다. 예루살렘 교회는 주로 유대인들로 구성된 교회이다. 따라서 베드로의 설교는 주로 유대인을 위한 것이었다. 이와 같이 유대적 요소가 짙은 베드로의 선교 활동에서 몇 가지의 상황적 특징을 생각할 수 있다.

즉 예루살렘이라는 지역적 요소가 매우 중요하다. 사도행전 1장 4절

---

[396] 김용옥, "선교의 성서적 근거", 기독교 사상(서울: 대한기독교서회, 1982년 6월호), p. 154.

에는 "예루살렘을 떠나지 말라"는 예수의 말씀에 뒤이어 선교적 활동의 과정에서도 예루살렘을 기점으로 유대와 사마리아와 온 땅끝까지 복음을 전파하라는 말씀이다.

예루살렘은 유대인의 민족적·종교적 생활의 거점으로 매우 중요한 지정적 의미를 지닌 곳이다. 그리하여 베드로는 전승과 관련 있는 선교를 시도하였다. 그것은 베드로의 설교 가운데 중요한 구약의 자료가 많이 적용된 것으로 보아도 알 수 있다(행 1:20, 2:17, 2:25-28, 2:30-36). 이렇게 베드로는 그의 선교 대상이 있던 유대인의 상황성을 충분히 의식하면서도 그의 선교활동을 펴나갔다.[397]

셋째, 베드로의 선교 내용이 무엇이었던가 하는 문제이다. 우리는 이 문제에 대한 해답을 얻기 위해 사도행전 2장 22-45절을 주목해야 한다. 여기서 베드로의 선교는 삼중(三重) 내용으로 짜여 있음을 본다.

즉 예수의 생애와 죽음과 부활에 관한 설교이다. 이와 같은 설교는 다른 여러 곳에 서도 발견된다(행 3:12-26, 4:8-12, 10:36-43). 이와 같이 말씀 전파로서의 전도가 베드로의 선교적 활동의 중요한 부분이지만 2장 42-45절에 보면 거기에는 봉사(diak-onia)와 친교(Koinonia)가 전도 못지않은 선교적 의미를 가지는 것으로 나타난다. 이런 점에서 예루살렘 교회의 선교는 다변적이었음을 알 수 있다. 즉 '전도=선교'라는 일변도의 것이 아니라 전도·봉사·친교, 이 모두가 포괄적으로 선교 프로그램에 포함되어 있었다.

넷째, 예루살렘 선교는 어떤 결과를 가져왔는가이다.

베드로의 선교적 활동에 따른 교회의 양적 확장이다. 사도행전 2장 41절에 의하면 하루에 3천 명이란 다수의 결신자가 생겼다고 한다. 2장

---

[397] *Ibid.*, pp. 154-155.

46절은 예루살렘 교인은 모이는 데 열심이었고 동시에 경건한 신앙의 풍토가 조성되었다고 한다(행 2:42-43).

그들은 또 공동체 의식이 강화되었으며, 그들의 재산과 물건을 팔아서 모든 사람에게 필요한 대로 나누어 주었다 한다(행 2:45).

이상에서 우리는 초대 교회의 두 유형의 선교 가운데 그 하나 즉 예루살렘 선교를 고찰했다.

이제 또 하나의 유형은 언급한 대로 "아덴 선교"이다.

아덴 선교에 관한 기록은 사도행전 17장 16-34절에 나타나 있다. 사도행전의 저자인 누가는 선교에 대하여 특별한 관심을 기울인 사람이다. 특히 이방인에 대한 선교적 관심이 컸다. 이방인에 대한 선교 프런티어는 두 가지로 나누어진다. 그 하나는 누가복음에 나타나는 소외자에 대한 선교이며, 또 하나는 아덴의 지식인들에 대한 선교였다. 이 후자는 사도행전 17장에 나타나 있다.[398]

물론 예루살렘 교회의 유대인의 입장에서 볼 때 소외자에 대한 선교나 이방인 지식 사회에 대한 선교는 주류에 속하지 않는 선교였을 것이다. 그러나 누가는 예루살렘 선교와 아덴 선교가 병행할 수 있는 길을 마련하였다. 즉 이 두 유형의 선교가 서로 대조적이며 자기 특징을 갖고 있다는 것이다.

과연 아덴 선교회에서 바울이 얻은 열매는 무엇인가. 수량적인 계산으로 따질 때 바울의 아덴 선교는 보잘것없는 것이었다. 그런데도 바울의 선교는 기독교사에 크나큰 의의를 지닌다.

바울의 선교는 필요성에 따른 선교의 시도였다. 즉 바울의 아덴 선교는 그 당시에 있어서 복음을 세계 무대에 선포하기 위한 불가피한 시도였

---

[398] Ibid., p. 160.

다. 물론 그것은 그 당장에는 물량적 수치로 볼 때 지극히 미미한 것이나 그 이후에 기독교가 세계적 복음으로 널리 선포되는 과정에서 볼 때 아덴 선교는 기독교의 보편성과 세계성을 드러내는 데 있어서 선도적인 역할을 담당했다고 볼 수 있다.[399] 이것은 마치 예수의 겨자씨 비유와 같이 처음은 보잘것없는 것이나 나중에는 크나큰 나무로 자라 새들이 쉬어가듯 선교의 토대가 된 것이다. 선교의 전선은 쉽고 화려한 것만이 아니다.

이상과 같이 사도행전에 나타나는 선교의 유형에서 우리가 얻는 결과는 예루살렘 선교나 아덴 선교는 그 상황에 따라 그 선교적 접근을 달리한 것이지만 그것은 다 같이 선교의 복합 전선을 이룩하는데 큰 의의를 지닌다고 할 수 있다.

오늘의 한국 교회도 선교의 복합 전선을 펴는 데 총력을 다해야 할 것이다.

3. 서신서에 나타난 선교

사도행전은 초대 교회의 역사와 선교 행전으로 초대 교회의 선교적 상황을 이해하는 데 가장 기본적인 자료이다. 그러나 초대 교회의 선교 행전 구석구석을 이해하는 데는 그것만으로는 불충분하다. 그러므로 초대 교회의 선교 현지에서 주고받은 서신서를 보완적으로 이해한다는 것은 매우 중요한 요소이다. 왜냐하면 서신서는 선교 현지에서 기록했다는 이유뿐만 아니라, 서신서는 선교적 소명의 본질과 기능에 관한 생생한 기록을 담고 있기 때문이다.

서신서에 나타난 선교를 논할 때 주로 바울 선교가 불가피하게 그 중심을 차지한다. 바울의 여러 서신은 신학 체계나 학문적인 변증을 하자

---

399 Bavinck, *Op. Cit.*, pp. 33-34.

는 목적에서 쓰인 것이 아니라 당시의 교회가 처한 상황에 우선으로 대처하기 위한 선교적 현실에서 기록된 것이기 때문에 가장 실천적이요, 가장 선교적이다.

오늘의 교회는 바울의 서신 속에서 개 교회가 당면한 문제의 특수성과 시공(時空)을 초월한 구원의 진리와 보편성을 볼 수 있어야 한다. 여기서는 서신들이 제공하는 선교의 기초를 몇 가지 점에서 검토해 보고자 한다.

1) 사도의 소명 의식

서신서에 나타난 선교에서 가장 중요한 요소는 사도들이 강렬한 소명 의식을 가졌었다는 것이다. 바울은 그리스도의 명령을 선교의 동기로 직접 언급하지는 않았으나 선교의 사명이 사도인 그에게 그리스도에 의하여 맡겨졌다고 의식하였다.[400]

"내가 복음을 전할지라도, 그것이 나에게 자랑거리가 될 수 없습니다. 나는 어쩔 수 없이 그것을 해야만 합니다. 내가 복음을 전하지 않으면, 나에게 화가 미칠 것입니다."(고전 9:16)

헐버트 케인(Herbert Kane)은 "선교의 바울 사역적 기초"라는 글에서 현대의 많은 선교사들이 '자기 정체성의 위기'(identity crisis)에 처면하고 있다."[401]

즉 자기 자신들이 누구이며 선교 분야에 있어서 새로운 상황에 어떻게 적응할 것인가를 확실히 모르고 있다는 것이다. 그러나 바울은 그렇지 않았다. 그는 자기가 사도인 것을 알았고 자기가 소명을 받았다는 의식에

---

[400] Bavinck, Op. Cit., pp. 33-34.
[401] Herbert Kane, Op. Cit., p. 155.

투철하였다. 그뿐만 아니라 그는 자기가 사도인 것을 누차 언급했다.

그는 또한 다른 직분도 갖고 있었다. 그는 저자요, 설교가요, 여행가요, 조직가요, 천막 만드는 자였다. 그러나 이 모든 것은 그의 주요 소명인 사도직에 부착시켰다. 그리하여 바울은 각 서신의 서두마다 자기의 정체를 밝히는 것으로부터 시작한다. 즉 그는 하느님으로부터 직접 부름을 받았다는 것을 여러 번 밝혔다.

"형제자매 여러분, 내가 여러분에게 밝혀드립니다. 내가 전한 복음은 사람에게서 비롯된 것이 아닙니다. 그 복음은, 내가 사람에게서 받은 것도 아니요, 배운 것도 아니요, 예수 그리스도의 나타나심으로 받은 것입니다."(갈 1:11-12)

"그리스도 예수의 종인 나 바울은 부르심을 받아 사도가 되었습니다. 나는 하느님의 복음을 전하기 위하여 따로 세우심을 받았습니다."(롬 1:1)

"하느님의 뜻으로 그리스도 예수의 사도로 부르심을 받은 나 바울과, 형제 소스데네가"(고전 1:1)

바울은 복음 전파의 필요성을 강조하였으며(고후 9:16), 자기 사도직의 신적 기원을 천명했다(롬 1:5; 갈 1:15; 고전 1:1 등). 베드로가 유대인의 사도로 된 것같이 자신은 이방인의 사도임을 확실히 의식하였다(롬 11:13, 15:16). 그리하여 로마 뿐만 아니라 스페인까지 가는 것도 사양하지 않았다.[402]

바울은 그리스도의 대사이기 때문에 비록 그가 말한다고 할지라도 사실상 그의 입을 통하여 말씀하시는 분은 그리스도이시다. "그러나 나는 하느님의 은혜로 오늘의 내가 되었습니다. 나에게 베풀어주신 하느님의 은혜는 헛되지 않았습니다. 나는 사도들 가운데 어느 누구보다도 더 열심

---

[402] 전호진, 서신서의 선교, pp. 8-9.

히 일하였습니다. 그러나 이렇게 한 것은 내가 아니라, 나와 함께 하신 하느님의 은혜입니다."(고전 15:10) 즉 내가 수고하지만 내가 아니요, 하느님의 은혜라는 의식이 선교를 가능케 한다.[403]

따라서 바울은 그의 생활, 메시지, 활동 그 자체가 신용장이었다. 그는 사도의 권위를 교회나 외부의 어떤 제도적 기구에 호소하지 아니하고 하느님께서 자신을 직접 복음을 전하는 자로 임명하였음을 확신하였다(살전 2:4; 딤전 1:11). 그러므로 그의 사도성을 의심하는 자들에 대하여 단호한 태도로 대처했다.

그러나 바울의 이 소명은 그의 삶에서 체험한 주관적 체험이었으나 안디옥 교회에서 목회자로 초청을 받아 선교사로 파송됨으로 구체화되었다.

블라우(Blauw)가 지적한 것같이 바울의 소명은 "탈 중심"(excentricity)의 비범한 소명이다. 즉 예루살렘교회로부터 초청을 받고 선교사로 임명된 것이 아니라 예루살렘 밖의 이방 지대의 교회에서 청빙을 받았다는 것이다.[404]

그는 사도 중에 지극히 작은 자라고 겸손하였으나(고전 15:9), 그의 사도직 권위가 적은 것은 아니었다. 그는 이방 교회의 초빙을 받으며 놀라운 헌신을 통하여 사도 됨을 입증하였다. 실로 선교의 성패는 방법이나 수안보다도 투철한 소명의식에 있다. 그리고 이 소명은 교회나 조직적인 선교 단체의 정식 초청을 받음으로 훨씬 더 현실화되고 구체화 된다는 것을 보여주는 교훈이다.

---

[403] Bavinck, Op. Cit., p. 34.
[404] 전호진, Op. Cit., p. 11.

2) 대담한 복음의 제시

바울은 특히 자기 자신을 복음의 선포자라 했다. 사도란 전령사(傳令使)와 같은 뜻이다. "나는 이 복음을 전하는 선포자와 사도와 교사로 임명을 받았습니다."(딤후 1:11) 그는 자기의 선교를 "케리그마"(Kerygma)라 했다. 바울은 가는 곳마다 담대히 복음을 제시하는 전도자였다.

전호진 교수는 언급하기를 "현대 선교는 전략과 선교지의 복잡한 상황에 더 비중을 두기 때문에 선교의 메시지는 소홀히 취급한다"[405]고 한다. 참으로 오늘날 이 선교 문제를 둘러싼 제 문제는 너무나 복잡하게 얽혀 있으며 국내외 선교를 막론하고 위기에 처해 있다. 그러나 오늘의 혼돈과 복잡한 선교적 상황 속에서 헐버트 케인(Herbert Kane)의 다음과 같은 말을 유심히 들어야 한다. "오늘날의 선교사가 복음을 제시하는 데 있어서 이교주의, 인도주의, 민족주의, 공산주의, 혼합주의, 보편주의 등의 문제를 가지고 있다면, 바울이 1세기에 궁지에 처했던 사실을 기억해야 한다[406]는 것이다. 즉 바울 당시 세계는 유대인과 헬라인, 그리고 로마인 등으로 구분되어 있었던 것을 기억해야 한다는 것이다.

바울은 이들 모두에게 복음을 전하였다. 그들은 모두 바울이 전하는 복음이 자기들에게 거슬리는 것을 알았다. 실로 유대인들은 표적을 구하고, 헬라인들은 지혜를 구하며, 로마인들은 권력에만 관심을 두었다.

유대인들은 바울이 구약에 관하여 설교할 때는 듣고 있다가 나사렛의 목수 예수가 그들의 메시아라 했을 때 돌을 들어 치려 했다(행 14:19). 헬라인들은 철학을 사랑하며 지혜를 숭상했다. 따라서 바울이 부활을 전할 때 그들은 조롱했다(행 17:32).

---

[405] *Ibid.*, p. 13.
[406] Herbert Kane, *Op. Cit.*, pp. 159-160.

그리고 또 당시 로마인들은 대제국의 건설자로서 대도시들과 도로들과 왕궁과 원형 극장 등을 자랑하며 그것을 제국의 위력을 과시하는 상징으로 삼았다. 그러기에 십자가 위에서 초라하게 처형된 나약한 죄수가 메시아라는 사실을 결코 믿을 수가 없었다.

이와 같이 바울은 분명히 많은 문제를 안고 있었다. 그러나 그는 결코 복음 전도에 있어서 위축되지 않았다. 그의 청중이 누구든 상관하지 않았다.

바울은 궁극적 설득자는 언제나 성령과 복음의 말씀임을 믿고 그리스도와 그가 십자가에 못 박히신 것 외에는 아무것도 전하지 않기로 작정하였다(고전 2:2). 이런 의미에서 바울의 신학은 그리스도 중심이라 할 수 있다. 그는 결코 인간의 그 어떤 세력과 위력도 두려워하지 않았다. 그의 최대 관심은 하느님을 기쁘시게 하는 것이다(갈 1:10). 그는 세상에 아무것도 그리스도를 통하여 보내주신 하느님의 사랑(롬 8:39)과 그리스도의 생명(빌 1:21-24)에서 그를 떼어 놓을 수 없다는 것을 확신했다.

그러기에 바울은 철두철미하게 복음은 구원을 가져다주는 하느님의 능력임을 믿으며(롬 1:16), 어떤 상황에서도 복음을 듣는 사람들의 머리와 마음에 복음을 적용하는 성령의 능력을 믿은(롬 8:16) 사도였다.

실로 오늘의 교회는 "복음 전달의 방법이 복음의 내용을 결정하며, 정반대로 복음의 내용이 전달 방법을 결정한다."[407]는 드리버(John Driver)의 말을 주의 깊게 되새겨 보아야 한다("Paul and mission" Mission Focus: Current Issues, ed. W. R. Shenk, p. 63.).

---

[407] 전호진, Op. Cit., p. 13.

3) 선교의 방법 : 적응의 원리

서신서에서 선교의 방법과 전략을 여러 가지로 설명할 수 있지만 가장 중요한 것은 적응의 원리이다.

바울 적응의 원리는 어떠한 고난과 시련 속에서도 능히 견딜 뿐 아니라 어떠한 문화적 이질성 속에서도 능히 적응하고 대처하는 원동력이다. 그것은 그의 삶과 인격, 그의 교육과 활동이 그러했다.

바울은 유대인이면서 헬라 문화에서 교육받았고, 로마의 시민권을 가진 국제인으로 활약할 수 있는 여건을 갖추었다. 그가 살았던 다소시는 세계의 교통로였으며, 당시의 국제어인 헬라 코이네 방언은 그의 모국어가 되다시피 됐으며, 헬라의 사상과 이교의 사상도 잘 알고 있었다.[408] 그는 가는 곳마다 통역인의 도움 없이 설교할 수 있었다. 바울은 이러한 언어와 사상의 무기를 가지고 사람을 얻기 위하여 적응하는 태도를 취하였다. 이러한 바울의 모습은 고린도교회에 보낸 사연 속에서도 발견할 수 있다.

"나는 어느 누구에게도 얽매이지 않은 자유로운 몸이지만, 많은 사람을 얻으려고, 스스로 모든 사람의 종이 되었습니다. 유대 사람들에게는, 유대 사람을 얻으려고 유대 사람같이 되었습니다. 율법 아래 있는 사람들에게는, 내가 율법 아래 있지 않으면서도, 율법 아래에 있는 사람을 얻으려고 율법 아래 있는 사람같이 되었습니다. 율법이 없이 사는 사람들에게는, 내가 하느님의 율법이 없이 사는 사람이 아니라 그리스도의 율법 안에서 사는 사람이지만, 율법 없이 사는 사람들을 얻으려고 율법 없이 사는 사람같이 되었습니다. 믿음이 약한 사람들에게는, 약한 사람들을 얻으려고 약한 사람이 되었습니다. 나는 모든 종류의 사람에게 모든 것이 다

---

[408] *Ibid*., p. 2.

되었습니다. 그것은, 내가 어떻게 해서든지, 그들 가운데서 몇 사람이라도 구원하려는 것입니다."(고전 9:19-22)

바울의 이 적응의 원리는 하나의 중요한 전제에서 출발한다. 그것은 각자의 개성과 민족의 특성을 인정하는 점이다.

진리는 하나이며, 진리는 그리스도에게만 속해 있다. 따라서 그리스도 외는 그 아무것도 다른 기초를 놓을 수가 없다(고전 3:11). 그러나 신앙의 영역에는 폭넓은 자유의 세계가 있다. 그리스도를 통한 일체의 통합은 인종과 혈통에서가 아니라 은혜에 근거하고 있다.[409]

그러므로 각 민족은 자기 자신의 특성을 지닐 권리가 있다. 문제는 복음의 본질을 손상하지 않는 것이 중요하다. 바울은 이 움직일 수 없는 원칙을 견지하면서 다른 모든 것에 적응했다.

최근 한국 신학계에도 선교론의 일환으로 토착화에 대한 문제를 많이 언급해 왔다. 물론 이 토착화에 대한 논의에서도 핵심은 복음이 자민족과 문화와의 만남과 대결을 통하여 복음의 본질을 잃지 않고 오히려 자민족의 특성과 문화를 매개로 복음의 참뜻을 드러내는 데 토착화의 근본 의의가 있다고 생각된다. 이런 의미에서 토착화와 절충주의(Syncretism)는 엄격히 구별되어야 한다. 일치와 획일은 엄격히 구별되어야 한다.

"각 사람에게 성령을 나타내 주시는 것은 공동 이익을 위한 것입니다."(고전 12:7)

바울의 이 적응 원리는 또 겸손과 겸양을 의미하지만, 선교 전략적 차원에서 볼 때 후대 세계 선교의 모델이 되기도 했다. 우리는 많은 성공적인 선교사들에게서 바울의 이 적응의 원리를 실천한 흔적을 볼 수 있다.

---

409 Waler Gardini, IL MESSAGGIO MISSIONARIO DI SAN PAOLO, ゲネス、レト 譯(東京: 女子パウロ會, 1980), p. 114.

4) 재정 정책과 선교

돈은 현대 선교의 필수 조건이기도 하다. 그러나 기독교 신앙에 있어서 돈만큼 큰 함정과 피해를 주는 것도 없다. 이것은 오늘의 선교에서도 마찬가지이며, 특히 물량적인 급성장으로 내외적으로 많은 주목의 대상이 되어 있는 한국 교회는 재정 정책을 대단히 조심 있게 다루어야 할 것이다.

돈은 예수님의 사상이나 초대 교회의 행정에 있어서 그렇게 중요한 비중을 차지하지 않았다.

물론 예수님과 그의 제자들이 음식값을 내고(요 4:8), 유다가 열두 제자의 회계로 일한 것은 사실이었다(요 12:6). 그런데도 예수님이나 그의 제자들은 돈에 큰 비중을 두지 않았다.[410] 예수님은 오히려 땅에 보물을 쌓아두지 말라고 경고했다(마 6:19). 하느님과 재물을 겸하여 섬길 수 없다고 말씀하셨다(마 6:24). 사람의 생명이 소유물의 풍성함에 있지 않다는 것도 가르쳤다(눅 12:15).

열두 제자를 파송할 때도 이렇게 말씀하였다. "전대에 금화도 은화도 동전도 넣어 가지고 다니지 말아라. 여행용 자루도, 속옷 두 벌도, 신도, 지팡이도, 지니지 말아라. 일꾼이 자기 먹을 것을 얻는 것은 마땅하다."(마 10:9-10) 사도들도 예수의 이 교훈을 따른 것처럼 보인다. 베드로가 적선을 요구받았을 때 이렇게 말했다. "베드로가 말하기를 '은과 금은 내게 없으나, 내게 있는 것을 그대에게 주니, 나사렛 예수 그리스도의 이름으로 일어나 걸으시오' 하고"(행 3:6).

돈이 없다는 것이 베드로에게 걸림돌이 되지 않았다. 오히려 그는 돈으로 살 수 없는 것을 가지고 있었다. 즉 나사렛 예수 그리스도였다. 돈이

---

[410] Herbert Kane, Op. Cit., p. 164.

없으면 선교 사업도, 교회 설립도 그밖에 모든 활동을 할 수 없다고 생각하는 병약한 현대 교회에 주는 도전의 말씀이기도 하다.

바울의 재정 정책은 삼중적이었다.

(1) 그는 스스로 일함으로써 자기와 자기 동료들의 쓸 것을 감당하였다. (2) 그는 자기가 설립한 교회들이 처음부터 자립하기를 원했다. (3) 그는 가난한 교회들일지라도 다른 사람들의 궁핍을 돕기 위해 헌금하도록 격려했다.[411]

물론 바울은 사도로서 신도들이 그의 생활을 뒷받침해 주도록 기대한 권리가 있었다. "이와 같이 주님께서도, 복음을 전하는 사람들에게는 복음을 전하는 일로 살아가라고 지시하셨습니다."(고전 9:14)라는 말은 예수님 자신이 세우신 원리였다. 사도들은 이 원리에 따라 생활했다(고전 9:1-9). 그러나 바울은 이 문제에 있어서 자기의 권리를 주장하지 않았다. 그는 자기 생활비는 자기가 감당하기를 더 좋아했다. 그것은 복음을 값없이 전하기 위함이다.

이 점도 기복신앙을 통한 물량의 강조와 더욱 많은 재정의 확보가 곧 교회의 성장이며 발전이라고 생각하는 한국 교회의 성향에 깊이 딛고 넘어가야 할 문제이다.

초대 교회 당시 로마 세계에는 순회 교사들이 많아서 간혹 어리석은 청중들의 귀를 쉽게 만족시켜 주고 그들의 헌금을 받아먹으며 살고 있었다. 따라서 바울은 신앙을 빙자하여 돈벌이한다는 비난을 받지 않고, 복음을 욕되게 하지 않기 위하여 최선을 다했다.[412] 그러나 바울은 그리스도인이 사랑의 표현으로 주는 개인적인 선물을 거절하지 않았다. 바울은

---

411 Ibid., pp. 164-165.
412 Ibid., p. 165.

그 선물에 대하여 감사했다. 그들이 자기의 궁핍을 채워주었을 뿐만 아니라 그렇게 함으로써 도리어 그들의 과실이 풍성하였기 때문이었다(빌 4:17).

중요한 것은 바울이 자립 교회를 설립한 것이다. 바울이 교회들에 돈을 주었다는 기록은 없다. 바울은 그들 반이 가난했지만, 자신들의 문제를 스스로 처리하고, 스스로 재정을 부담하기를 원했다(고후 8:2-5).

그들은 분수대로 살면서 자기 지역에서 해야 할 구제 사업을 포함한 기타 사업에 재정 지원을 하였다. 그들은 토지를 구입하지 않았고, 큰 건물을 세우지 않았으며, 어떤 사회적 기관에 기부금을 내지도 않았다. 그러나 그들은, 자기들의 일은 자기들의 수입으로 지탱할 수 있을 만큼 적절하였다.[413]

이 모든 것은 현대의 선교부와 교회가 구사하는 방법과는 너무나 대조적이다.

바울은 또 이방 교회들이 자립하도록 가르칠 뿐 아니라 적어도 한번은 예루살렘에 있는 가난한 성도들을 위하여 특별한 헌금을 하도록 격려했다. 이 일은 대단히 중요한 일이다. 그것은 단순한 구제 행위 이상의 것이다. 그것은 그리스도인의 사랑 표현이며 그리스도인의 연합을 과시한 것이다.

바울은 극도로 가난한 가운데 거두어들인 이 사랑 넘치는 헌금이 유대계 교회와 이방계 교회 사이의 관계를 아름답게 개선하는 데 도움이 될 것을 믿었다.

실로 개교회 중심주의에 사로잡혀 있는 오늘의 한국 교회에 주는 크나큰 교훈이다.

---

[413] *Ibid.*, p. 166.

제5장 요약과 결론

지금까지 우리는 한국기독교장로회의 선교신학을 배태한 그 역사적 배경과 의의를 살피며 특별히 1960년대와 1970년대에 걸쳐 한국의 특수한 사회적 상황에서 어떻게 기장의 선교적 진로를 개척해 갔는가를 서술했다.

또한 기장의 선교신학의 구체적인 표현인 '4대문서'가 "Missio Dei" 신학에 근거한 것임을 감안하여 "Missio Dei" 신학이 나오게 된 역사적 배경을 추적하며, "Missio Dei" 신학의 특징적인 성격을 살피면서 4대문서를 하나하나 검토했다. 그리고 선교의 성서적 근거와 유형을 살펴보았다.

이제 본 논문의 전체적인 요약과 결론을 제시하려 한다.

제1절 요약

제1장 서론에 이어 제2장에서는 기장의 선교신학의 수립과 그 역사적 배경을 고찰하는 가운데 기장의 출발과 그 역사적 의의를 '전통과 개혁'이라는 긴장의 산물이라는 관점에서 이해하고 있다.

즉 1953년 한국기독교장로회의 진보주의적 개혁운동은 이원구조적 (보수주의와 자유주의) 갈등에서 복음적 신앙으로 이분적 갈등의 극복 형태로 출발한 데 그 출발의 역사적 의의를 찾고 있다는 뜻이다.[414]

이를 좀 더 구체적으로 지적한다면 한국교회에 '신앙의 자유' '양심의

---

[414] 본 논문(제2장 1절) 참조.

자유' 그리고 '학문의 자유' 사상을 싹트게 한 점이다.**415** 또한 기장은 한국 교회에 개혁하는 교회상을 보여주며 한국교회의 시야를 세계로 향하게 함과 동시에 교회로 하여금 세상 속에서 세상을 섬기고 봉사하는 교회가 참 교회임을 자각케 했다. 이는 곧 호헌 총회에서 밝힌 '전적인 그리스도를 인간 생활의 전 부분에 증거' 하겠다는 결의의 구체적인 표현이기도 하다.

이상과 같은 교단의 이상과 목표를 전제한 자기 정비와 자기 변혁을 거쳐 자라 온 기장 교회는 1960년대와 1970년대를 맞이하면서 다시 한번 자기의 선교적 정체를 분명히 밝히는 계기가 되었다.

1960년대 후반에서 1970년대에 걸친 한국교회의 선교적 상황은 꼭 도식적인 것은 아니나 크게 세 가지 유형으로 나누어 생각할 수 있다.

즉 그 하나는 개인의 영적 구원과 교회 성장을 목적으로 한 보수주의적 신학에 근거 한 교회, 또 하나는 사회-역사적 구원을 목적으로 한 진보주의적 신학에 바탕을 둔 교회, 셋째는 거시적 안목에서 자유주의적인 종교 신학에 근거한 것이다.**416**

한국기독교장로회는 1960년 후반의 사회·문화적 상황에서 특별히 유신체제에 이루어진 급속한 사회변동과 온갖 부조리가 난무하는 현실에서 두 번째 길인 사회-역사적 구원을 목적으로 한 진보주의적 입장을 취했다.**417**

그리하여 기장 교회는 그리스도 복음의 사회성 내지는 역사성에 보다 큰 관심을 집중하였다. 즉 교회의 선교적 사명은 개인의 영혼 구원이

---

415 본 논문(제2장 1절) 참조.
416 본 논문(제2장 3절) 참조.
417 본 논문(제3장 3절) 참조.

나 개인의 선행을 통해서가 아니라 하느님의 정의에 입각한 사회 변화를 통하여 모든 사람의 자유·안전·평화를 이룩하는데 선교적 역점을 두었다.[418]

제3장에서는 기장의 선교신학의 근거인 "Missio Dei" 신학은 1952년 빌링겐회의(Willingen Conference)에서부터 구체화 된 것이다. 그러나 "Missio Dei" 사상은 빌링겐에서 갑자기 시작된 것이 아니라, 1910년 에든버러회의 이후 오늘에 이르기까지 W.C.C.를 중심으로 한 선교신학의 사조가 복음의 사회성을 강조하며 개인구원보다 사회구원에 더 역점을 두는 경향과 그리스도인의 현존성과 역사성을 강조해 온 흐름의 특징이 집약된 것임을 알 수 있었다.

"Missio Dei"란 선교가 단순히 주님의 말씀을 향한 복종이나 공동체의 회집에 대한 의무만을 뜻하지 않는다. 선교란 구원받은 전 피조물 위에 그리스도의 주권을 세우려는 포괄적인 목표를 가지고 하느님의 선교에 참여하는 것이다. 그리고 우리가 한 지체로서 참여하게 되는 선교운동의 원천은 삼위일체 하느님 자신 안에 있다.[419]

즉 선교는 하느님께 속한 일이며 하느님이 선교의 주체일 뿐 아니라 하느님 자신의 활동이 된다는 뜻이다.

분명히 "Missio Dei" 개념은 전통교회의 선교 개념과는 몇 가지 점에서 다르다.

첫째로, "Missio Dei" 신학의 입장은 전통적인 교회의 선교와는 대치되는 입장으로서 구원이란 오늘의 사회적 도전과 역사적인 조건을 떠나

---

[418] 본 논문(제3장 3절) 참조.
[419] Georg F. Vicedom, Op. Cit., p. 16.
[420] 본 논문(제3장 1절 2.) 참조.

서 생각할 수 없다는 입장이다.[420]

둘째로, 전통적인 선교 개념은 세상에 대한 교회의 사명보다 교회의 본질을 더 중시하며 교회의 전통성과 교회의 순수성에 더 역점을 두나, "Missio Dei" 개념은 '교회가 선교의 도구가 된다'는 주장이다.[421] 이는 곧 지금까지 선교를 교회의 도구로 생각해 온 전통적인 선교 이해와 교회관을 뒤집어 놓은 것이다. 따라서 선교하는 교회의 구조는 평신도를 중심으로 한 교회의 구조이어야 한다는 주장이다.

끝으로 "Missio Dei" 신학은 역사와 세계에 대한 이해로서, 즉 역사 속에서 일하시는 하느님의 활동이 그 중심 사상이다. 이와 같은 역사와 세계에 대한 이해는 결과적으로 "Missio Dei" 신학이 교회보다는 세상을 하느님의 활동 무대로 중요시하는 이유이다.[422] 바로 여기에 "Missio Dei" 신학이 현 역사만을 강조함으로 내재주의적 역사관의 입장에 서 있는 평을 듣는 점이기도 하다.

다음으로 검토된 것은 기장의 '4대문서'이다.

즉 교회교육 정책과 지침서(1970), 사회선언 지침(1971), 신앙고백(1972), 선교정책(1973) 등이 그것이다. 이와 같은 문서들은 이전부터 기장 교회가 대체로 공인하고 실시해 온 것들의 정리이며 종합이다. 특별히 이 문서들은 오늘의 한국이라는 상황적 요소를 강하게 의식하며 작성된 것이다.

진정 복음 자체는 영원히 변하지 않는 것이나 복음이 전파되어야 하는 구체적인 선교현장은 역사적·사회적 변천에 따라서 변한다는 것이다. 따라서 이 변화된 선교현장에 따라 선교의 과제가 달라져야 한다는 논리

---

[421] Vicedom, Op. Cit., p. 15.
[422] 본 논문(제3장 1절 2.) 참조.

가 깊이 반영된 문서들이다.

그리고 기장의 이 핵심적인 선교신학과 정책을 담은 4대문서 곳곳에서 에든버러 이후, 좀 더 구체적으로 빌링겐 대회 이후 뉴델리와 멕시코 및 웁살라에 이르는 W.C.C.의 선교신학 및 교회갱신 운동이 집약적으로 표현된 "Missio Dei" 신학이 상당히 수용되어 있음을 살필 수 있었다.[423]

제4장에서는 선교의 신구약 성서적 근거를 살핌으로 앞에서 언급해 온 제 선교론을 평가할 기준과 성서적 유형을 찾아보자는 노력이었다.

첫째로, 구약에 나타난 선교개념은 하느님의 계시 그 자체가 선교의 개념을 제시하는 근본 원리임을 지적하고 있다.[424]

그리고 이스라엘 주변의 세계 강국들에 대한 하느님의 목적이 무엇인가 하는 데 대한 대답을 우리는 예언서에서 기대할 수 있다.[425]

하느님은 이스라엘의 하느님이실 뿐만 아니라 만민의 하느님임을 예언자들은 인식했다. 따라서 하느님이 구원하는 범위가 세계적임과 동시에 하느님의 심판도 전 세계적인 것을 말해준다.

끝으로 이스라엘과 전 세계에 이르게 될 구원은 포괄적인 구원을 뜻한다. 그것은 하느님과의 화해, 사죄 및 무수한 다른 축복을 포함한 구원이다(사 25:6-8).[426] 그리고 요나서에서 언급된 것은 요나의 간교한 회피 노력에도 불구하고 하느님은 그들의 활동을 이스라엘 영토 내에 국한하려고 했던 이스라엘의 편협한 종족 중심주의와 싸워야 했고, 또한 하느님의 메시지를 선포하고 그의 일을 수행하기 위해 세계 속으로 뛰어 들어가기

---

[423] 본 논문(제3장 2절) 참조.
[424] 본 논문(제5장 1절 1.) 참조.
[425] Bavinck, *Op. Cit.*, p. 16.
[426] *Ibid.*, p. 19.

를 거절하는 교회 중심주의와도 싸워야 했다.[427]

다음으로 신약에서 선교의 성서적 근거는 처음부터 끝까지 선교의 책이라는 점이다.

복음서는 예수 그리스도의 기쁜 소식 곧 하느님 나라가 가까이 왔음을 선포하고 그 나라의 확장을 위한 그의 선교활동과 선교자로서 생애의 사건을 기록하고 있다.

마가는 예수 그리스도 전파의 핵심이 "때가 찼다. 하느님의 나라가 가까이 왔다. 회개하여라. 복음을 믿어라."(막 1:15)는 데 있음을 밝혔다.

그리고 예수의 후기 비유 가운데는 왕국이 완전히 나타나기 전에 중간기가 있어야 함을 시사하며 종말적 선교시대를 가리키고 있다. 즉 잔치를 베풀어 놓고 손님을 청한 주인이 나중에는 길가에 나가서 아무나 청하며 영접한 비유(눅 14:15-24)이다. 여기서 잔치가 시작되기까지의 기간이 소위 중간 기간이다.

누가복음서 19장 11-27절(마 25:14-30)의 달란트 비유도 이 중간기를 잘 설명해 주는 곳이다.

복음서의 선교에서 가장 큰 논쟁은 예수의 이방 선교이다. 그러나 복음서 전체를 살펴볼 때 그 곳에는 보편적인 선교 명령으로 가득 차 있다. 실로 예수의 생애와 사상, 그리고 그의 활동은 처음부터 끝까지 세계선교와 관련이 있다. 특별히 예수께서 부활 이후 제자들에게 주신 계명은 선교의 대 명령이다. 선교의 대 명령은 초대교회에서 오늘의 교회에 이르기까지 교회의 존립과 생명력의 터전이 되어 왔다.

끝으로 중요한 것은 선교는 예수 그리스도의 단순한 권면 정도가 아니라 명령에 속하는 위임이라는 점이다. 이 명령과 위임은 2천 년 선교

---

[427] Johannes Verkuly, Op. Cit., p. 182.

역사에서 선교의 중요한 동기가 되어 온 것이다.

오늘날 세계 교회는 에큐메니컬과 복음주의 교회로 양분되어 선교 개념과 전략도 양극화되어 있음을 볼 수 있다. 즉 에큐메니컬 측 교회는 부활 전의 교훈인 사랑의 대 계명을 더 강조하며 특히 누가복음서 4장 18절을 선교로 대치하는 데 비하여, 복음주의 측 교회는 선교의 초점을 부활 후의 대 명령에 관심을 집중하고 있다.[428]

그러나 성서의 전체적인 문맥은 결코 이 양자의 관계를 이분법적으로 생각하지 않는다.

그러므로 우리의 성서적 태도는 어느 한 편을 선택하기 위하여 어느 한 편을 버리는 것이 아니라 이 양자가 통합된 하나의 문제, 즉 예수 그리스도를 통하여 보여주신 하느님의 사랑과 뜻의 실현이라는 통합 관계에서 선교령은 이해되어야 한다.

사도행전은 또한 성서 중에서도 최고의 선교 기록이다. 그러나 사도행전은 선교의 근거 면에서 복음서에 덧붙여 많은 것을 지적하지는 않는다. 그러나 성령이 없었다면 초대교회는 비겁한 신자들의 불쌍한 작은 집단에 불과했을 것이다.

다음으로 생각한 것은 선교의 전략과 유형의 문제이다. 이는 곧 선교의 방법론적 이해에 관한 것이다.

사도행전의 중요한 선교 전략은 첫째, 집단 단위의 전도이다. 즉 베드로와 바울은 그룹 단위의 회심을 불러일으켰다. 둘째, 사도행전의 전도는 신앙적 영웅의 개인 위주의 선교활동이 아니라 동역 원리(Team work), 즉 팀 선교였다. 셋째, 사도행전의 선교는 선교와 문화의 문제를 잘 해결하였다. 즉 예루살렘 총회는 복음과 유대의 의식과 문화를 분리하여 유대인

---

[428] 본 논문(제5장, 제2절 3) 참조.

의식을 이방인에게 부과하지 않고, 다만 이방인의 부도덕을 금지하도록 하였다(행 15:28-29).[429]

끝으로 사도행전의 선교 전략은 어떤 상황에서도, 그리고 모든 수단과 가능성을 이용한 선교였다.[430]

다음으로 사도행전에 나타나는 선교 유형은 크게 두 가지였다. 즉 그 하나를 '예루살렘 선교'라 한다면 다른 하나는 '아덴 선교'이다. 전자는 주로 유대인을 위한 선교요, 후자는 이방인을 위한 선교이다. 예루살렘 선교는 그 규모와 내용, 그리고 방법 등으로 보아 대중성을 띤 선교라 할 수 있고, 아덴 선교는 비교적 지성인들에 대한 선교의 시도로 볼 수 있다.

누가는 예루살렘 선교와 아덴 선교가 서로 대조적이며 자기 특징을 갖고 있다는 것이다.

실로 바울의 아덴 선교에서 얻은 결과를 양적인 계산으로 따질 때 보잘 것 없는 것이었다. 그런데도 바울의 선교는 기독교사에 크나큰 의미를 주고 있다.[431]

이상과 같이 사도행전에 나타나는 선교의 유형에서 우리가 얻은 결론은 예루살렘 선교나 아덴 선교는 그 상황에 따라 그 선교적 접근을 달리한 것이지만 그 양자는 다 같이 선교의 복합 전선을 이룩하는데 큰 의의를 지닌다는 것이다.

---

[429] 본 논문(제5장 제2절 1. 의 2)) 참조.
[430] Walter Gardini, *Op. Cit.*, p. 111.
[431] 본 논문(제5장 제2절 2. 의 2)) 참조.

제2절 반성과 비판

한국기독교장로회는 앞에서 기장성의 특징을 말할 때 늘 신앙의 자유, 학문의 자유, 양심의 자유, 그리고 세계 교회와의 유대 강화를 강조해 왔다. 그리고 기장의 초점을 묻는 설문에서도 기장의 장점은 근본주의 일변도인 한국 교회의 신앙적 풍토에서 근본주의적 신앙 노선의 탈피와 새로운 신앙 형태의 개발에 있다고 강조하고 있다.

이상의 제 주장과 강조는 분명히 기장성의 특징이며 장점이다. 그러나 기장의 약점과 문제점도 바로 이 특징과 장점의 강조 가운데 있지 않나 생각된다. 즉 자유라는 도그마와 그 도그마에 붙은 교권주의는 정통 보수주의의 도그마 및 그 교권과 유형적으로 같은 형태를 보이기[432] 쉽기 때문이다.

사실 기장 교단은 30여 년의 역사 속에서 여러 차례 또 여러 모양으로 기장성의 신앙체질 및 목회적 진로와 선교적 진로에 대하여 반성과 비판을 거듭해 왔다.

여기서는 다만 지금까지의 반성과 비판의 소리를 되새기며 기장의 선교 신학의 근거인 "Missio Dei" 신학에 대한 비판과 이와 관련된 기장의 4대문서와의 접촉점에서 문제점을 지적하고자 한다.

1. 선교적 성향의 반성과 비판

선교정책 제2장 우리의 반성에서 신앙 자세의 혼란과 선교 이념의 혼

---

[432] 기장 교단이 장로교회 정신인 민주주의적 상향 전통을 무시하고 중앙 집권적인 엘리트 정치의 교단이 됨으로 개혁교회 전통과 결과적으로 상충되게 만들었다고 이장식 교수는 평하고 있다(이장식, '기장 25년 역사와 기장성'《세계와 선교》속관 66호(서울: 한신대학, p. 8.)

란을 지적하고 있다. 즉 기장의 교단이 신학 연구의 자유를 주장한 것이 개혁교회의 신학적 전통을 거부한 듯한 인상을 주었고, 무속적 열광주의와 현실도피의 타계주의를 징계한 것이 신령한 은혜 사모와 경건 생활의 훈련을 등한시 한 듯한 인상을 주었고, 사회정의 실현을 위한 기독자의 사회적 책임 수행을 강조한 것이 교회의 직분을 등한시 함과 내세에 대한 신앙을 약화한 듯한 인상을 주어 신앙 노선에 혼란을 스스로 노출시켰다는 반성이다.[433] 그리고 선교 이념의 혼란을 가져온 원인을 지적하면서 교단 창설 이래 교회의 수량적인 약세를 계속해서 보인다는 교회의 현황을 중심하고, 수와 질의 대립을 선교의 본질인 양하는 혼란을 빚어내기도 했다는 것이다.

또한 질의 문제를 지나치게 강조하여 교회로서 사회, 역사, 세계 등에 대한 책임이 개체 교회 발전을 기반으로 해야 함에도 오히려 개체 교회의 발전이나 수적인 약세를 절감하는 구체적 선교 현장의 고민을 부당하게만 보아버린 경향으로 교단 자체의 선교이념의 혼란을 초래한 약점을 언급하고 있다.[434]

이장식 박사는 그가 쓴 〈기장의 목회 25년〉이라는 논문에서 좀 더 구체적인 사항을 지적하면서 반성과 비판을 시도하고 있다. 즉 기장에서 목회의 질을 말할 때 그것은 지성적 목회 혹은 신학적 목회에다가 목회의 질적 기준을 두는 것이라면 이를 반대하는 사람은 신앙의 경험과 정서를 강조하는 것은 목회의 질적 측정에서 제외되어야 할 이유가 없다고 지적한다고 전제하면서 이러한 양면의 한 면만을 강조하는 것은 양극화를 돕는 길이라고 지적한다.[435]

---

[433] 선교정책, 기장-연혁, 정책 선언서 (서울: 한국기독교장로회, 1974), p. 51.

[434] Ibid., p. 52.

그는 기장 25년 동안 목회의 대체적인 특징을 다음 몇 가지 점으로 지적하며 반성과 비판을 가하고 있다.

첫째, 기장의 출발에서 1960년경까지 기장 설교의 특징은 정통파의 교리주의와 보수주의를 시비(是非) 하는 것으로 설교는 신학적이었고 신앙 양심의 자유 강조는 교인들에게 반교권(反敎權) 사상을 심어 주었다. 그리하여 탈교리적(脫敎理的) 신학적 설교는 교인들의 신학적 계몽을 일깨우며 알고 믿는 지성적 교인을 만들어 갔다.

그런데 문제는 교인들이 아는 것은 아는 것으로 족할 뿐 어찌할꼬 하는 행동이 따르지 못하였다고 한다.

따라서 이러한 설교는 교인의 영혼 상태나 신앙생활의 실제 문제와 고민을 살펴서 풀어주는 복음 치유의 효능을 일으키지 못하였다. 즉 복음 진리의 관념적 지적 이해를 위한 신학 강론은 되지만, 청중의 내면세계와의 직접적인 대화는 아니었다. 즉 기장의 설교가 청중의 영적 치유와 위로와 생기 재생의 효능을 주지 못하였다는 것이다.[436]

둘째는, 경건 훈련의 결핍이다. 즉 반교리주의적 목회는 탈 교리적으로 교인들을 훈련하게 되었고 교권주의나 목사의 권위 의식은 후퇴하게 되었다. 기장의 목사들은 형식적인 경건을 싫어하고 인간성을 그대로 드러내는 목회 스타일을 가졌다.

이러한 목회 스타일은 기관 목사로서의 목회에는 적합할지 모르나 교회 및 교단의 공동체적 유대와 견고성 내지는 교인들의 경건 훈련은 등한시하게 되었다.

왜냐하면 교리주의를 배격하다가 자기 교파의 교리와 예배와 교회 생

---

[435] 이장식, '기장의 목회 25년' 《세계와 선교》 속관 68호(서울: 한신대학, 1978), p. 6.
[436] Ibid., pp. 7-8.

활의 전통을 가르치지 못하는 결과가 되었고 교역자의 자연적 인간성을 살리려다가 교역자의 인간적 욕망을 노출하기 쉬웠기 때문이다.

또 신학의 학문적 자유는 무신적인 경향을 만들었고 설교도 그때그때의 신학 사조의 변동에 추종하게 되어 충분히 소화하지 못한 신학적 설교는 새 사조의 근본정신 을 바르게 가르치지도 못하였다[437]는 것이다.

셋째는, 목회의 영력 문제이다. 기장의 목회가 말씀의 신학을 중심으로 계시와 하느님의 지식과 신앙의 인식적 기능을 강조하다가 성화, 속죄, 회심을 경시하는듯 했다[438]는 것이다. 실로 기장 교회는 개인의 인식 수준을 높여주기 위해서는 온갖 노력을 해왔으며 교인들의 의식 수준을 높이는 데는 모든 것을 아끼지 않는 경향이다. 그러나 "인식이나 의식"이 아니라 궁극적인 삶의 의미를 한 사람 한 사람에게 구체적으로 심어주는 데는 소홀히 했던 것 같다.

또 어느 지식 사회학자는 지적하기를 진보적인 교회일수록 민중과 암하아레츠와 버림받은 사람들의 환심을 사려고 애를 쓰지만은 그러나 그들의 상품은 우선 너무 복잡한 논리 속에 뒤범벅이 되어서 불과 10% 정도의 민중들만이 겨우 이해하고 있다는 진단을 깊이 음미해 보아야 할 것이다.[439]

조규학 목사는 또 '한국기독교장로회와 성령 운동'이라는 제하에서 기장성의 체질을 반성하고 비판하기를 "… 신학자와 아볼로 같은 복음의 변사들이 좌충우돌하며 영광을 누리는 교회와 목회 부재의 현상을 초래하

---

437 Ibid., p. 9.
438 Ibid., p. 12.
439 노정선, '현대 교회의 본질과 과제' 《세계와 선교》 속관 56호(서울: 한신대학, 1979), p. 11.

며 성령운동과 경건한 기도 운동을 무당 놀음이요 저속한 전 근대적 선교 형태라고 비판해 왔다"고 지적하고 있다. 그리하여 기장 교회의 일반적인 경향인 "성서 대신 신학을, 성령 대신 교리적인 자유를, 화해 대신 비판을, 선교 대신 학술 강연을, 교회 대신 사회를 대체한 우리들의 오늘의 결실은 무엇인가?"[440] 라고 말하고 있다. 그는 기장의 이러한 풍토는 성령을 거스른 인간 철학이라고 지적하며 참회를 촉구하고 있다.

또한 김경재 교수는 〈기장 새역사 30년, 그 역사와 과제〉라는 논문에서 기장의 많은 공헌과 긍정적인 요소에도 불구하고 우리들의 인간적 죄성과 무지, 태만과 나약함으로 기장의 부정적인 요소를 솔직히 지적하고 있다.

즉 "성서연구 방법의 다양한 교육은 해부학적 지식의 단계에 머물고 살아계신 그리스도의 말씀을 통한 영적 현존과 신령한 구원의 말씀으로의 성서 이해에까지 심오한 말씀 신학의 형성에 미흡했다."고 한다. 그리하여 자유로운 세계 신학사조의 무분별한 범람은 본의 아니게 개혁파 복음주의 신앙 노선을 바로 붙드는 데 소홀함으로, 목회의 신학 부재를 가져왔다. 그리고 우리들의 문화 전통과 삶의 자리에서 우리들의 영성을 통한 신학 창작활동이 미흡했고 신학적 사대주의와 아카데미즘의 귀족성이 교회의 양들을 먹이는데 무책임했다. 그 결과로 신학과 강단의 괴리를 가져왔으며, 신학 무용론이라는 극단의 부정적 사고가 편만해 있다는 것이다.

따라서 교단 내의 엘리트 그룹(?)과 지교회 신도들과의 괴리감이 상존하며 신앙 노선의 선명성은 배타성으로, 자기 소신의 주장은 자기 절대화

---

[440] 조규항, '기독교 장로회와 성령운동' 《세계와 선교》 속관 61호(서울: 한신대학, 1979), pp. 45-47.

로 변질되어 갈 위험을 안고 있기에 신앙 양심 및 학문 연구의 자유를 세웠던 기장의 기본 신념이 침해받을 위험이 있다고 지적하고 있다.

이상의 제 자기반성 내지 자기비판은 각자의 주관적인 입장에 따라 의견을 달리하는 경우도 있을 것이다. 그러나 이러한 자기반성과 비판이 기장 내에서도 오랫동안 몸담아 온 중진 신학자와 목회자의 소리라는 점에서 겸손히 귀를 기울여야 한다.

실로 기장이 둘러멘 법궤가 정당한 것이라면 그것을 메는 자세와 신실성에 있어 잘못이 없었는지 깊이 반성해야 할 것이다.

따라서 기장의 선교적 성향의 문제점도 한국 민중의 심성을 깊이 고려하지 않은 채 지나친 주지주의적(主知主義的)인 성향, 즉 신학만 바르게 앞서 가면 모든 문제는 스스로 해결된다는 사고방식이 가져온 착오이기도 하다.

우리의 선교 정책과 목회적 계획은 한국 민중의 심성과 현실을 충분히 고려하여 실현 가능성 있는 것을 먼저 실천해 가야 할 것이다.

2. "Missio Dei" 신학의 한계와 그 비판

여기서는 기장의 선교 백서가 되는 4대문서의 사상적 근거가 된 "Missio Dei 신학의 문제점을 지적해 보고자 한다.

물론, "Missio Dei" 사상은 현대 세속 사회 속에서의 정치 투쟁이나 사회 정의를 구현하기 위한 구체적 활동을 기독교 신앙과 연결하는 데는 대단히 유용한 도구이다. 또는 신앙과 역사적 현실과의 상관성을 추구하는 데는 역시 유용하다.[441] 그러나 "Missio Dei" 사상의 이론과 실제에 있어

---

[441] 한철하, '한국 신학의 조류' 《기독교 사상》 76, 3월호(서울: 대한기독교서회, 1976), p. 24.

서 한계점과 그 부정적 요소를 꿰뚫어 보는데 게으름이 없어야 할 것이다.

첫째로, 선교는 삼위일체 하느님의 선교라는 개념은 성서적이다. 하느님은 선교의 하느님으로 선교를 계획하고 파송하는 자이며 예수 그리스도는 대 선교사이시며, 성령은 선교의 역동자(dynamic Missionary)이다. 그러나 "Missio Dei" 신학은 그리스도의 주권을 강조한 나머지 이것을 교회가 세상 모든 분야에 걸쳐 관여할 수 있는 원리로 확대하여 해석함으로 교회와 사회영역의 구분을 무시한 것이다.**442** 즉 세상 모든 분야에 대한 그리스도의 주권성이 세상에 대한 교회의 주권성으로 대치될 수는 없는 것이다.

"하느님의 것은 하느님에게 가이사의 것은 가이사에게 바치라"는 예수님의 말씀은 이러한 문제를 생각하는데 좋은 길잡이가 되는 것이기도 하다.

둘째로, "Missio Dei" 신학은 전통적으로 교회는 예배, 교육, 봉사, 친교 및 선교의 사명을 갖는 데 반하여 교회가 하는 모든 활동이 선교라는 광의의 선교개념을 주장한다.

이와 같은 견해에 대해 W.C.C. 지도자의 한 사람인 영국의 '스테픈 니일'은 모든 것이 선교라면 아무것도 선교가 아니며, 모든 사람이 선교사라면 아무도 선교사가 아니며, 모든 곳이 선교지라면 아무 곳도 선교지가 아니라고 비판했다.**443**

---

442 전호진, "하느님의 선교와 교회의 선교",《성경과 신학》제2권(서울: 복음주의신학회, 1984), p. 242.

443 Gerald Anderson, "Some Theological Issues in world mission Today", Missio in the 170S: What Direction? Boberg and Sherer, ed (Chicago: Cluster of theological School, 1972), p. 117.

셋째로, 하느님이 세상에 활동하신다는 것을 강조한 "Missio Dei" 사상은 하느님이 세상과 역사에 활동하신다는 총괄적인 개념 자체가 명백하지 않으면서도[444] 빌링겐 대회 이후 에큐메니컬 모임에 나타난 각종 성명서에서 하느님의 역사(役事)를 혁명을 통한 하느님의 심판으로 암시하고 있다. 따라서 혁명이나 사회 정의를 위한 인간의 행동이 곧 하느님의 행동이요 동시에 하느님의 선교로 생각되었다. 이는 역사 이해와 해석에 너무 지나친 단순 논리가 아닐 수 없다.

덴마크의 선교학자 요하네스 아가아르드(J. Aagaard)는 "Missio Dei"이라는 이 개념은 모든 세속적 활동을 무조건 거룩한 것으로 인정하는 모순을 범하고 있다고 지적했다.[445]

끝으로 "Missio Dei" 신학은 선교에서 수단을 배제한다고 주장한다. 그러나 선교는 궁극적으로 하느님이 주체자이시지만 인간을 수단으로 사용하는 점에서 신과 인간의 공동적인 사역이다. "Missio Dei" 신학은 파송이나 선교에 대한 성서의 본문을 해석하면서 세상으로 파송 개념을 채택하고 교회가 특별히 선발한 사람을 특정 지역에 파송하는 선교의 대사명에 대한 본문은 외면하고 있다.[446] 그러나 성서는 특별히 선발된 선지자, 신도들, 전도자들을 파송하였으며 이들은 모두 하느님의 동역자인 것을 자처했다(고전 3:9; 고후 5:18-6:1 등).

따라서 하느님의 활동은 사회 정의의 실현만이 아니라 다양한 것임을

---

[444] 성서에 나타나는 하느님의 활동은 초월성과 내재적이라는 긴장과 통합의 관계에서 이해되어야 함에도 불구하고 "Missio Dei" 신학은 하느님의 활동의 내재성을 지나치게 강조함으로 하느님의 활동을 제약시킨다는 모순을 범하고 있다.

[445] Johannes Aagaard, "Mission of the upsala 1968", Mission Trends, No 1. Gerald Anderson, ed., (Grend Rapids: Eerdmans Pub. 1974), p. 17.

[446] 전호진, Op. Cit., p. 244.

"Missio Dei" 신학은 간과하지 못하였다.

우리는 기장의 4대문서 속의 여러 부면에서 "Missio Dei" 신학의 한계성과 모순이 신학적 비판의 혈관을 통과하지 않은 채 너무 성급하게 직수입한 듯한 인상을 금치 못한다. 이와 같은 현상은 앞에서 거듭 언급한 것과 같이 에큐메니컬 신학이 오늘의 세계적 상황 그 자체에 너무 사로잡혀 있다는 인상을 주듯, 기장의 4대문서가 오늘이라는 현실의 문제를 너무 지나치게 강조하고 의식한 상황주의적 판단이 갖는 한계가 아닌가 생각된다. 적어도 신학이나 신앙의 문제가 철학과 다른 사회과학적 이론과 구별된다면 그것은 결과에 따라 모든 것이 결정되는 실용성과 관계없이 선험적 요소가 있어야 하지 않을까?[447] 하는 생각이다. 즉 성서의 말씀을 통한 원칙에 따라 현실을 비판하고 선도되어야 하지 않는가 하는 생각이다.

제3절 결론: "Missio Dei"와 "Missiones ecclesiarum"의 통합적 이해

본 논문에서 얻어지는 결론은, 복음은 개별적이면서도 전면적이고 다변적인 관심을 지향하고 있다는 사실이다. 따라서 우리의 선교도 개별적이며 전면적이며 다변적인 것이라야 한다. 즉 복음은 초월성과 내재성, 수직적 차원과 수평적 차원, 개인 구원과 사회 구원, 영혼 구원과 사회정의의 실현, 복음화와 인간화라는 양극화 현상이 극복된 통합적인 것으로 파악되어야 한다.

---

[447] 손봉호, "남미에서의 이데올로기와 신학", 이데올로기와 신학, 고범서 편저(서울: 범화사, 1983), p. 194.

그러나 여기서 밝히고 넘어가야 할 것은 물질적 가난과 신체적 병인과 불의한 투옥, 이 정도의 차이는 있으나 인간 존재를 비인간화하는 모든 조건임은 틀림없다. 그러므로 그리스도인들은 거기에 관심을 가지고 그런 고통을 당하는 자들을 구제하기 위하여 활동해야 한다. 그러나 문제의 요점은 그런 것들로부터의 구출이 그리스도께서 인간들을 위하여 죽으셨다가 부활하셔서 획득하신 그 구원은 아니라는 점이다.[448]

물론 복음화와 사회 참여가 기독교인의 의무의 양면임에는 분명하나 인간과의 화해가 하느님과의 화해는 아니며, 사회 활동이 복음화일 수는 없으며 정치 해방이 곧 구원이 될 수 없다는 것이다. 이 양면은 어디까지나 그리스도에 대한 우리의 복종과 우리의 이웃에 대한 사랑의 필연적인 표현이다.[449] 그러므로 어떤 의미에서의 신앙과 사회, 신학과 사회이념과의 관계는 신앙의 신학화(의식화)와 신앙의 생활화(신앙을 통한 자기실험)와 신앙의 이념화(이데올로기)의 3중적 과제에서 표현되어야 할 것이다.

그 이유는 신학과 사회 이념은 구조상 평행을 이룰 뿐 교차할 수 없고 생활화의 매개를 통해서만 상호 관계를 맺을 수 있기 때문이다.[450] 즉 신앙의 생활화만이 교회와 사회와의 관계를 풀어주는 열쇠가 된다. 다만 여기서 밝히고자 한 것은 복음 전도와 사회 참여를 동시에 강조하되 그 어느 것도 다른 하나에 대한 대용물이나 구실이나 핑계가 될 수 없다는 것이다.[451]

---

[448] John R. W. Stott, Christian Mission in the Modern World, 김명혁 역(서울: 성광문화사, 1984), p. 132.
[449] Ibid., p. 135.
[450] 김중기, "에큐메니칼 신학과 이데올로기", 《이데올로기와 신학》(서울: 범문사, 1983), p. 149.
[451] Stott, Op. Cit., p. 207.

즉 우리는 정의를 구원으로 오인되기를 원치 않으나 그렇다고 복음화 및 구원의 복된 소식의 선포만이 비기독교 사회에 대한 기독교적 책임의 전부라 말하지 않는다.

하느님은 인간을 영적이고 육적이며 사회적인 존재로 창조하셨다. 그러므로 우리는 하느님이 창조하신 대로 이웃을 사랑해야 하므로 이웃의 전체적 행복, 즉 그의 육체와 영혼과 사회의 행복에 반드시 관심을 가져야 한다.

M. L. King은 이 점을 표현하여 "종교는 천국과 세상을 동시에 이룬다"라고 설파했다. 또 계속해서 언급하기를 "… 인간의 영혼에만 관심을 표명하고 슬럼가에 관심이 없는 종교, 그들을 질식시키는 경제적 악조건과 그들을 불구자로 만드는 사회적 악조건에 관심이 없는 종교는 먼지처럼 메마른 종교이다."(My Life With Martin Luther King Jr. Coretta King, Hodcler 1978, p. 127.) 이런 점에서 예수께서 그의 교회에 나가서 복음을 전하고 제자로 삼으라는 대 위임령은 아직도 우리의 교회에 구속력을 갖고 있다. 그러나 이 위임령이 "네 이웃을 사랑하라"는 명령과 대치된 것은 아니다. 그러기에 우리는 사회정의 실현을 위한 사회적 책임 수행을 강조한다는 것이 교회의 직분을 등한시하고 내세에 대한 신앙을 약화시킬 때 이는 마땅히 비판될 수밖에 없으며 현실 도피의 타계주의를 경계한다는 것이 신령한 은혜와 경건 훈련을 저해할 때 그리고 신학 연구의 자유가 개혁 교회의 신학적 전통의 거부일 때 이 또한 비판받을 수밖에 없었다.

우리의 과제는 이것이냐 저것이냐 하는 이분법적인 것이 아니라 보다 성숙한 차원에서 '이것과 동시에 저것'(both-and)을 생각해야 한다. 즉 복음화와 인간화, 개인 구원과 사회 구원, 영혼 구원과 사회정의 구현. 교회 갱신과 성장 등에 우리는 이 양쪽에다가 동시에 확신의 발을 굳게 디뎌야 할 것이다. 어떤 경우에도 양극화는 금물이다. "불균형이란 진리의 양극단에 안주하기를 즐기는 것이다."**452** 이와 같은 우리의 생각에 비설트 후프트(Visser't Hooft)는 대단히 고무적인 암시를 주고 있다. 그는 1968년 웁살라 제4차 W.C.C. 대회 벽두에 행한 '에큐메니컬 운동의 위임권'(The Mandate of the Ecumenical Movement)이라는 연설에서 수직적인 입장과 수평적 입장의 화해를 촉구하며 다음과 같이 주장했다.

즉 하느님의 개인 구원에 본질적 관심을 가진 복음의 수직적 해석과 세계 속에서의 인간관계에 주된 관심을 가진 그 수평적 해석 간의 커다란 갈등에 관하여 우리는 한 극단에서 다른 극단으로 치닫는 원시적 운동을 탈피해야만 한다고 믿는다.

수직적 차원을 상실한 기독교는 소금의 맛을 잃어 그 자체로서 무미건조할 뿐 아니라 세상에 무용지물이다. 그러나 수직적 관심을 인간의 공동생활에 대한 책임으로부터의 도피 수단으로 사용하는 기독교는 성육신을 부인하는 것이며 그리스도 안에 나타난 하느님의 세상에 대한 사랑을 부인하는 것이다.

사실상 세계 도처에 궁핍한 자들에 대한 책임을 부인하는 교인들은 성육신을 부인하는 자들만큼 사이비한 이단이라는 사실이 명백해져야 한다.**453**

또한 신학자 몰트만(Jurgen Moltmann)은 그가 쓴 '성령의 능력 안에 있는 교회'(Die Kirche in der Kraft des Geistes)에서 다음과 같이 언급하고 있다. "… 양자의 싸움은 신앙의 수직적 차원과 사랑의 수평적 차원 사이의 무

---

452 Ibid., p. 178.
453 Ibid., pp. 209-210. (The Uppsala Report 1968, pp. 313-323.)

기력하고 어리석은 양자택일 속에 진행된다. 이것은 기도와 정치적 노력, 성서 읽기와 신문읽기 사이의 긴장을 관찰시키지 않고 해소시킨다. … 초월적 경건과 연대적 경건은 기독교적 삶의 양식이다. 이것이 분리되고 양극화된다면 새로운 삶은 방해되고 파괴될 것이다."[454]

그리스도의 구원은 총체적 능력으로서 공적 및 사적 표현에 있어서 실재의 분열을 극복한다.[455] 실로 기독교가 구체적 보편성의 종교라는 사실은 수직선과 수평선이 나사렛 예수께 특수한 방법으로 교차되고 있음을 의미한다.[456]

그러기에 우리는 수직적 차원과 수평적 차원이 또한 지성과 감정이 동시에 강조되며 복음의 총체적인 진리만이 모든 것을 통합한다는 것을 알아야 한다.

이제 우리는 이 땅에서의 선교학적 과제가 무엇인가를 말해야 한다. 그것은 곧 "Missio Ecclesiarum"과 "Missio Dei" 즉 '교회의 선교와 하느님의 선교'가 조화와 균형을 갖는 방향에서 추진되어야 한다는 것이다. 이는 곧 모든 교인이 각기 이 양자에 동일하게 개입해야 한다는 말은 아니다. 그것은 불가능하다. 더구나 하느님께서 각자에게 다른 사명을 주셨고 각자에게 각자의 사명에 적합한 은사를 주셨다는 것을 인식해야 한다. 확실히 모든 기독교인은 기회 있는 대로 이웃을 사랑하고 봉사할 책임이 있다. 그러나 그것은 각자가 받은 소명과 은사에 따라 수행되어야 할 것이다.

---

[454] J. Moltmann, Die Kirche in der Kraft des Geistes, 박봉랑 외 4인 역(서울: 1984), p. 310.
[455] Carl Braaten, The Flaming Center - A Theology of the Christian Mission, 이계준 역(서울: 대한기독교출판사, 1984), p. 9.
[456] Ibid., p. 10.

우리는 한때 '하느님의 선교' 개념에서는 '교회의 선교'를 낡은 선교 개념이라 생각하는 경향이 있었다.

문제는 바로 여기에 있었던 것이 아닌가 생각된다. 그렇게 생각되는 이유의 하나는 한국에서 '하느님의 선교' 개념을 소개하는 사람들이 이 새 개념을 너무 지나치게 강조하다가 빗나간 논조를 편 것이 아닌가 하는 생각이다. 그리고 또 하나 "하느님의 선교"가 '교회의 선교'가 아니라고 생각되었다면 그것은 과거와 같은 교파 교회들이 자파의 세력 확장과 강화만을 위하여 양적 교세 확장만을 추구하는 선교 사상과 운동을 지양할 때라는 말이 지나치게 강조한 데서 오는 오해이다.

선교의 목표가 이방인의 회심이나 교회 수립이나 교회 확장에 있지 않고 오로지 세속 세계의 인간화를 위해서 일하는 것이라고 말할 때 오해가 생길 수밖에 없다.[457]

인간화가 현대 사회에서 기독교의 인간 구원의 개념 속에 포함될 수 있지만 그것이 반드시 이방인의 회심과 교회의 확장을 배제하는 것은 아니다. 교회는 계속적으로 전도할 수 있는 적당한 곳에 교회를 세워야 하지만 교파 교회들이 과거처럼 경쟁심에서 오는 비복음적이고도 반선교적 역기능을 재현하지 않아야 할 것이다.

따라서 "하느님의 선교"가 '교회의 선교'를 배제하는 것이라는 생각은 지나친 생각임을 지적하지 않을 수 있다.[458] 다만 거기에는 선교의 대상과 목적이 확장된 것으로 생각되어야 한다. 즉 개인 구원을 통한 직접적인 복음화 운동만을 능사로 생각지 않고 인간과 사회의 기본적인 요구와 더불어 오늘날의 긴급한 문제들을 교회가 힘을 써서 기독교의 복음 진리

---

[457] 이장식, 《한국 교회의 어제와 오늘》(서울: 대한기독교서회, 1982), pp. 318-319.
[458] Ibid., p. 325.

가 직접 간접으로 전파되게 하려는 것이다. 그러기에 우리는 한국에서 개인 구원을 위한 전도와 또 그것을 통한 교세 확장과 복음화가 이미 방법론적으로 토착화가 된 "교회의 선교"를 결코 무시하거나 거부하거나 포기할 수 없는 일이다. 다만 여기에다가 "하느님의 선교" 개념과 실천이 첨가되어야 한다는 것이다. 이 통합적 선교의 과제를 위해서 우리는 이상의 두 선교개념이 서로 충돌되는 것처럼 생각하는 선입주견을 극복하여야만 한다. 실로 개인의 구원을 무시하고 사회 구원을 말할 수 없다. 하느님은 세상을 사랑하시고 또한 그 안에 있는 개개인의 아버지가 되신다.

결론적으로 기장의 선교적 목표와 정책은 상황적 현장 신학(Contextual Theology)의 한계와 사회 변동 자체가 주도되는 사회 이념의 한계를 극복하며 신앙의 생활화라는 실천적 신앙고백과 사회이념을 바탕으로 전개되어야 할 것이다. 따라서 복음화와 교회 성장을 추구하는 전통적 선교활동이 더 착실하게 전개되며 강화되어야 하며, 또 한편으로는 민족 공동체 속에, 나아가서는 국제사회에 그리스도의 통치가 이루어지는 '하느님의 선교'가 강화되는 일이 함께 포함되어야 한다.

여기서 우리는 복음화와 인간화의 양분된 선교 개념이 상호보완적인 개념으로 통합될 수 있음을 볼 수 있다.

제언

여기서는 본 연구 과정에서 생각되었던 후속적인 연구과제를 다음과 같이 제언한다.

1. 교회의 선교와 "하느님의 선교"의 통합적 연구를 통하여 바른 선교 신학이 정립되어야 한다. 이를 위해 교단 내에 기존하는 선교 문제 연구위원회를 활용할 수 있을 것이다. 이 위원에다 이상의 특별한 과제를 부여하여 연구케 해야 할 것이다.
2. 선교의 통합적 연구를 통하여 얻은 성과를 기초로 기장의 선교 신학과 정책이 재조정되어야 한다.
3. 선교신학의 골격을 담은 최종적 문서나 정책은 반드시 바닥 교회와 시찰회 수준에서 논의와 토의를 거쳐 노회와 총회를 통과하는 상향적인 절차를 밟아 공포돼야 한다.
4. 오늘의 양분된 선교 신학의 견해차를 극복하고 일치된 선교 목표와 전략을 갖기 위해 교역자와 평신도 지도자로 하여금 계속 성서 교육과 신학적 훈련의 기회를 얻게 하며 대화의 기회를 얻게 하는 제도적 장치가 마련되어야 한다.
5. 개체 교회에서 성서 교육을 통하여 평신도들에게 선교의 중요성을 자성시키며 실천해 가야 한다.
6. 어느 특수한 신학의 분야나 선교 정책이 결코 교단 전체의 신학이나 선교 정책인 듯한 인상을 주지 않도록 총회나 노회는 각별히 유의해야 한다.

| 참고 문헌 |

Anderson, Ray S. ed. Theological Foundation For Ministry. Grand Rapids: William B. Eerdmans Publishing Co. 1979.

Anderson, Gerald H. ed. The Theology of the Christian Mission, New York, Mcgraw hill, 1961.

Aulen, Karl. The Faith of the Christian Church, 김관석 역, 서울: 기독교서회, 1965.

Bavinck, J. H. An Introduction to the Science of Mission, 전호진 역, 서울: 성광문화사, 1982.

Barclay. William. The Gospel of Luke, 황장 역, 서울: 교문사, 1975.

──────. The Gospel of Matthew Vol. I., 박근용 역, 서울: 교문사, 1977.

──────. The Gospel of John Vol. II., 박근용 역, 서울: 교문사, 1977.

Beyerhaus, Peter. Mission; Which way?, 김남식 역, 서울: 성광문화사, 1982.

Braaten, Carl. The Flaming Center-A Theology of the Christian Mission, 이계준 역, 서울: 기독교서회, 1984.

Calvin, John. A Compend of the Institutes of the Christian Religion, 이종성 역, 서울: 기독교서회, 1979.

Colin W. Williams. The Church, 이계준 역, 서울: 기독교서회, 1984.

Fleming, John & Wright, Ken. Structures for A Missionary Congregation, 김정준·주재용 역, 서울: 기독교서회, 1980.

Goodall, Norman, ed., Mission Under the Cross, London: Edinburgh House Press, 1964.

Gardin, Walter. IL Messaggio Missionario Di San Paolo, ゲネス、レト 역, 동경: 여자바울회, 1980.

Hordern, William E. A Layman's Guide to Protestant Theology, New York: Macmiller Publishing Co. INC., 1968.

Hockendijk. J. C. The Christian Inside Out, 이계준 역, 서울: 기독교서회, 1982.

Kreamer. H., The Christian Message in a Non-Christian World, New York: Harper, 1938.

Lefever, Ernest W., Amsterdam to Nairobi, 전호진 역, 서울: 한국기독교교육연구원,

1981.

Lee, Ke-Joon. A Missiological Approach to theological Eduction in The Korean Context, An Unpublished Dissertation for the Degree of D. Min. at Emory University, 1980.

McGavran, Donald., Understanding Church Growth. 교원용 역, 서울: 보문출판사, 1979.

Moffett, Semuel H., Asia and Mission, 서울: 장로회신학대학, 1976.

Moltmann, Jürgen. Die Kirche in der Kraft des Geistes, 박봉랑 외 4인 역, 서울: 한국신학연구소, 1984.

_____. Theology of Hope, Translated by James W. Leitch, New York and Evanston: Harper & Row. Publishers, 1967.

Sovik, Arne., Salvation Today. 박근원 역, 서울: 기독교서회, 1980.

Statt, John R.W., Christian Mission in the Modern World, 김명혁 역, 서울: 성광문화사, 1984.

The Interpreter's Bible, Vol. 1., New York: Abingdon Press, 1952.

The Interpreter's Bible, Vol. 9., New York: Abingden Press, 1954.

Tillich, Paul. Theology of Culture, New York: Oxford University Press, 1964.

_____. Dynamics of Faith, New York: Harper & Row Pub., 1957.

_____. Perspectives on 19th & 20th Century Protestant Theology, 손기득 역, 서울: 한국신학연구소, 1980.

Oscar, Cullman. "Eschatology and Mission in the New Testment", The Theology of the Christian Mission, ed. by G. H. Anderson. New York: Mcgraw hill, 1961.

Wagner, Peter C. Frontiers in Missionary Stratagy, 전호진 역, 서울: 생명의말씀사, 1980.

W.C.C. ed., The Church for Other's and The Church for the World, 박근원 역, 서울: 기독교서회, 1979.

Wieser, Th., The Test of the Tradition in Planning for Mission, New York and London, 1966.

Vicedom, Georg F., Missio Dei, 박근원 역, 서울: 기독교서회, 1980.

Hogg, William R, The Rise of Protestant Missionary Concern, The Theology of the Christian Mission, ed. by G. H. Anderson, New York: Mcgraw hill, 1961.

강문석, 선교신학개론, 서울 : 성광문화사, 1983
김준기, "에큐메니칸 신학과 이데올로기" 이데올로기와 신학, 고범서 편저, 서울: 범화사, 1983.
김영한, 발트에서 몰트만까지, 서울: 기독교서회, 1983.
김양선, 한국기독교 해방 10년사, 서울: 기독교서회, 1956.
김용옥, "선교의 성서적 근거" 기독교사상(82. 6호), 서울: 기독교서회, 1978.
김명혁 편저, 선교의 성서적 기초, 서울: 성광문화사, 1983.
김의환, 도전받는 보수 신앙, 서울: 생명의말씀사, 1982.
김병서, 한국사회현상 사회학적 이해, 신학사상(1981년 가을), 서울: 한국신학연구소, 1981.
김정준, 시편명상 (1), 서울: 기독교서회, 1982.
김경재, 기장 새역사 30년 그 역사와 과제", 기장, 민중과 함께 민족을 위하여 땅끝까지, 서울: 기장총회.
기독교사상 편집부, 한국 역사와 기독교, 서울: 기독교서회, 1983.
그리스도교 대사전, 서울: 기독교서회, 1980.
크리스챤아카데미, 양극화 시대와 중간집단, 서울: 삼성출판사, 1975.
기장총회 편, 한국 교회 100년과 그 좌표, 서울: 기장총회, 1981.
_____, 한국기독교장로회, 연혁·정책·성명서, 서울: 기장총회, 1974.
문희석 편, 구약성서 지침, 서울: 기독교서회, 1978.
민경배, 한국기독교회사, 서울: 기독교서회, 1979.
나일선, 교회 성장의 원리, 서울: 크리스챤 헤럴드사, 1980.
박근원, 오늘의 선교론, 서울: 전망사, 1983.
_____, "기장의 선교정책, 세계와 선교 66호, 서울: 한신대학교, 1978.
박영기, 고도성장과 인간소외", 근대화와 인간화, 서울: 삼성출판사, 1975.
박봉랑, 기장 신앙 고백서의 신학, 세계와 선교, 서울: 한신대학교
손봉호, 현대 정신과 기독교적 지성, 서울: 성광문화사, 1981.
_____, "남미에서의 이데올로기와 신학, 이데올로기와 신학, 고범서 편저, 서울: 범화사, 1983.
심일섭, 한국 민족운동과 기독교 수용사고, 서울: 아세아문화사, 1982.
서광선 외 3인, 한국교회 성령운동의 현상과 구조, 서울: 크리스챤 아카데미, 1982.
이계순, 한국교회와 하느님의 선교, 서울: 전망사, 1981.
이장식, 현대 교회학, 서울: 기독교서회, 1974.

_____, 한국교회의 어제와 오늘, 서울: 기독교서회, 1982.
_____, "기장의 선교정책 방향", 기장 민중과 함께 민족을 위하여 땅 끝까지, 서울: 기장총회
_____, "기장의 목회 25년", 세계와 선교(속관 68호), 서울: 한신학대학교, 1978.
_____, "복음의 자유, 하느님의 선교", 한국 교회 100년과 그 좌표, 서울: 기장총회, 1981.
이갑수 송건호 공저, 한국사대계 9, 현대, 서울: 삼진사, 1973.
이종윤, 창세기 강해, 서울: 충현출판사, 1982.
윤병상, 한국 기독교 대학의 체풀개선을 위한 연구, 서울: 연세대학교, 1980.
은준관, 교육신학, 서울: 기독교서회, 1976.
맹용길, 기독교 윤리사상, 서울: 기독교서회, 1980.
_____, 사회의식, 서울: 기독교서회, 1981.
유동식, 한국신학의 광맥, 서울: 전망사, 1982.
_____, 도와 로고스, 서울: 기독교서회, 1978.
임희섭, "근대화와 사회문제", 신동아(1975년 8월호), 서울: 동아일보사, 1975.
임종철, "한국 경제의 양극화와 그 극복", 양극화 시대와 중간집단, 서울: 삼성출판사, 1975.
전호진 편저, 한국교회와 선교, 서울: 정음출판사, 1983
정용섭, 교회 갱신의 신학, 서울: 기독교서회, 1979.
노정선, "기독교의 본질과 과제", 세계와 선교(속관 56호), 서울: 한신대학교, 1979.
주재용, "기장 출발의 역사적 의의", 기장회보(1977년 6월), 서울: 기장총회, 1977.
_____, "기장의 신학", 세계와 선교(제47호), 서울: 한신대학교, 1984.
조규항, 기독교장로회와 성령운동", 세계와 선교(속관 61호), 서울: 한신대학교, 1979.
차인석, "한국 정치의 양극화와 그 극복", 양극화 시대와 중간집단, 서울: 삼성출판사, 1975.
한철하, "한국신학의 동향", 기독교 연감 1970, 서울: 한국기독교협의회, 1970.
_____, "한국신학의 조류" 기독교사상(1976년 3호), 서울: 기독교서회, 1976.
한철하 박사 회갑논문집 편찬위원회, 학성 한철하 박사 회갑기념 논문집, 서울: 아세아연합신학대학교, 1984.
한국복음주의신학회 논문집 제2권, 성경과 신학, 서울: 엠마오출판사, 1984.
한신대 11 교수 공동집필, 칼빈신학의 현대적 이해, 서울: 한신대학교, 1978.

끌림 神學叢書 001
Missio Dei 신학에 기초한 기장 선교론

2024년 07월 25일 초판 1쇄

지은이   박영배
펴낸이   김영태
펴낸곳   도서출판 끌림
책임편집 김한결

출판등록 제2022-000036호
주소   대전광역시 서구 대덕대로 325, 스타게이트빌딩 471호
전화   0502-0001-0159
팩스   0503-8379-0159
전자우편 kkeullimpub@gmail.com

공급처   한국출판협동조합
전화   02-716-5616
팩스   02-716-2999

ISBN 979-11-93305-06-5 (03230)
값 15,000원

ⓒ박영배 2024

* 이 책은 저작권법에 따라 보호를 저작물이므로 무단 전제와 복제를 금합니다.
* 잘못 제작된 책은 바꾸어 드립니다.